知的生きかた文庫

できる上司は会話が9割

林健太郎

JN109319

三笠書房

はじめに――部下の能力を引き出し、成長させる会話

あなたは上司として、**「会社から求められている成果を上げることに真剣に向き合い、部下との関係を『最高の状態』にしてチームを成功させたい」**という願いから、本書を手にしてくださったのではないでしょうか。

私はそんなあなたを心から応援し、お役に立ちたいと思っています。

部下に関する悩みとして、次のような例は思い当たりませんか？

・部下がいつも受け身で、自分で考えて動かない
・きちんと指示したのに、部下がその通りにしない
・陰で自分の悪口を言っていて、チームがまとまらない

上司としてあなたが働くうえで、部下との関係は切っても切れない重要なものです。例に挙げたような、いわゆる**「困った部下」にどう対応するべきなのか**、常に新しいアイデアや具体的な処方箋を求めていることと思います。

本書では**「困った部下」の悩みを解決するのに絶大な効果を発揮する、部下との「会話」の仕方**についてさまざまな視点から考察し、現場で即使える方法をお伝えします。

上司として働くあなたには、2つの任務が与えられています。

ひとつは、チーム全体に課せられた目標を一定の期間内に達成するという実務的なものです。もうひとつは、**チーム全体としての能力を向上させていく、いわゆる「育成」にあたるもの**です。こちらは中長期的で、しかも数値で管理しにくい面があります。

本書では、この「育成」任務により焦点を絞って、**上司が部下に対してどんな関わり方をすれば、部下をうまく育てることができるのか**についてお伝えしていきます。

ここまでお読みいただいたみなさんはきっと、「そういうあなたは誰?」と疑問を抱かれたことでしょう。その疑問は「どんな立場から、私がこのテーマをみなさんにお伝えするのか」ということにも繋がりますので、私の自己紹介をさせてください。

私は**「リーダー育成家」**として、これからリーダー職を任される方、任されて間もない方、任されたものの問題に直面している方などに、個別の成長支援や必要な情報・スキルの伝授をさせていただいています。これまで、日本を代表する大手企業や世界的に有名な外資系企業でマネジメント職に就いている方々、ベンチャー企業で新たにリーダーの役割を担う方々に対して、外部コンサルタント的な関わりを通して、成長支援をしてきました。

また、日本で数少ない**「エグゼクティブ・コーチ」**としても活動をしており、特に経営者や上級管理職の方々に向けた、個別の「会話」による成長支援を専門分野としています。

私の持論ですが、リーダーは新卒社員の教育のように、一律で指導することや教えることでは育たないと考えています。その理由は、リーダーが置かれた環境、つまり部下の人数や業態、ビジネスの状況などが人それぞれでまったく異なるからです。したがって、通り一遍の学習プログラムを教えても意味がありません。リーダーが置かれた環境や状況に応じて学ぶ事柄を柔軟に変えていく、**「個別化された会話」**が必要だということです。

部下を育てる上司に対しても、同じことが言えます。

すべての部下に同じ教育をすれば、一律に部下が育つような簡単な話なら苦労しません。部下それぞれの職務能力や志向、与えられた業務の違いを考慮しながら、**「個別化された会話」を上司がつくっていくことで、部下が育つ**のです。

私は**「一般社団法人 国際コーチ連盟日本支部」**（現 国際コーチング連盟日本支部）**の創始者であり、代表理事**を務めた経験を持つコーチングの手法に精通したプロのひとりです。コーチングの定義は世の中にあまたありますが、次の言葉がその特徴を言い表しています。

「会話」により相手の能力や可能性を引き出し、共に成長、発展していくための取り組み

補足すると、部下に指示・命令やアドバイスをすることで「やらせる」のではなく、部下自身が話すことのできる環境を提供し、自ら「やる気になる」方法を模索するような会話の方針を指しています。

こう書くと「なぜそんな面倒な会話を、部下とわざわざしなくてはいけないのか？」という声が聞こえてきそうです。しかし時代の変化とともに、リーダーには今まさに**相手の能力や可能性を引き出す会話のスキル**が求められているのです。

ビジネスを取り巻く環境や働き方も大きく変わり、人々の価値観も多様化し続けています。これまでのような「昇給」「上位の役職」「待遇の改善」「夜のお酒の席」といった、「ニンジン」をぶら下げても、今どきの部下は動かなくなってきました。

部下それぞれのモチベーションの源泉がどこにあるのか、部下と共に会話によって探り出し、共通の目標として掲げて進む。そんなリーダーシップが今、求められているのです。

私が本書を執筆するにあたり、こだわったことがひとつあります。

それは、**私が経験した「本当のことしか書かない」**ということです。

部下育成などについて一般的に言われている「正しいこと」や、調査データには当然意味があるのですが、それをただ単純に引用するのではなく、**私自身が実際に組織運営の現場で試してみて、その効果を確認した事柄や、実際にリーダーのみなさんと関わるなかで得られた血の通った知見と、それらのデータを照らし合わせて整合性が確認できたことだけを厳選してお伝えする**ことにこだわりました。

私は元来、好奇心が旺盛で、世の中に提示されている解決策や方法論が「なぜ」うまくいくのか、ということに強い興味と関心を持っています。それを自らのリーダー経験のなかで失敗を恐れずに使ってみることで、成功体験はもちろん失敗体験も糧《かて》にしながら私独自の方法論を確立してきました。

さらには、私の独自の方法論を数多くのリーダーが活用し、それぞれの現場で成功体験を積んでいることからも、本書の内容が有効であることを自信を持っておすすめできます。

それら豊富な現場の経験をもとに、本書では上司・部下の実際の対話を再現した臨場感あふれる対話例や、部下との会話にすぐ活かせる「セリフ調」の言葉などをできるだけ多く掲載しました。現場ですぐに使える手引きとして、活用いただけると確信しています。

本書の使い方として、必ずしも最初から順番に読んでいただく必要はありません。解決策が今すぐ必要な方は、目次からあなたの悩みを解決してくれそうな項目を選んで読んでください。実践に役立つヒントがきっと見つかります。

そして、時間や心の余裕ができたときに他の項目も読み進めてください。**部下を育てるコーチング的な会話が身につく指南書**として万全の内容に設計しています。

あなたが「困った部下」に手を焼く日々から解放される。**「困った部下」が「自分**

で考えて動く部下」に変わり、チーム全体の成果も上がる。それが私の願っているゴールです。

あなた自身が充実したキャリアライフを過ごせる環境を手にし、喜びと共にリーダーとしての職務を全うできることを心から願っています。

林　健太郎

目　次

CONTENTS

はじめに　――部下の能力を引き出し、成長させる会話　3

第1章

部下が育たない……に効く！
部下が自分で動き出す会話

—1— 復唱して、合いの手を入れる　20
—2— 承認する　28
—3— 傾聴する　36
—4— ダークな好奇心を発揮する　42
—5— 優先順位をつける　51
—6— 感情を知る　58

—7— 隠された真意を知る 62
—8— 対話モデル（TWIST）を使う 72

第2章

部下に伝わらない……に効く！ 部下の仕事力を上げる会話

—1— やる気スイッチを押す 80
—2— 確認して、合意する 86
—3— 「2種類の質問」を使い分ける 91
—4— 内面を観察する 96
—5— 「行動しない勇気」を持つ 101

—6— 「役割の帽子」をかぶる 109
—7— 部下に対する願いに気づく 116

第3章 チームがまとまらない……に効く! 成果を出すチームに変える会話

—1— 印象をマネジメントする 128
—2— ロールモデルのマネをする 134
—3— ただ聞くだけ 140
—4— 中長期のビジョンを持つ 152
—5— 部下からのフィードバックをとる 158

6 ― 現場に介入しない 165
7 ― 役割を実況中継する 179
8 ― 部下の変化曲線を把握する 186
9 ― 共に働ける能力を高める 197
10 ― 制約を外した質問をする 210

第4章 板挟みで動けない……に効く！ 会社と部下の重圧から脱する会話

1 ― 巻き込む力を磨く 222
2 ― 自分の立ち位置を伝える 233

3　部下に「なぜ」を伝える　241
4　自力で考える　248
5　部下の1日の感情の流れをつかむ　254
6　見立てる力　263
7　自問自答する　271

おわりに

——私を変えた、ある上司のエピソード　279

企画協力／糸井　浩
執筆協力／前嶋裕紀子
図版デザイン／根本佐知子（梔図案室）
本文ＤＴＰ／フォレスト

第1章

部下が育たない……に効く！

部下が自分で動き出す会話

POINT 1

復唱して、合いの手を入れる

部下が自分で考えるようになる会話

自分の頭で考えることなく、「無理です！」「できません！」「どうしたらいいかわかりません」。こんな諦めの言葉を、いとも簡単に口にする部下たち。

そんな部下たちの扱いに困っているという悩みは、上司の立場にある人たちとのコーチングで私がしばしば直面する大きなテーマのひとつです。

こうした言葉を部下たちに言わせているのは、「ほかならぬ上司であるあなたが原因です！」と言われたら、ショックでしょうか？

のっけからかなり失礼な発言をして申し訳ありません。しかし、残念ながら私の経験では多くのケースでそれが真実なのです。つまり、「すぐ諦める部下」を作っているのは、上司であるあなた自身なのだということです。

その理由はシンプルです。例えば、部下から「無理です！」という諦めの言葉を聞いた途端、あなたは「なんとかしなければ」と解決策をすぐさま考えて部下に指示したり、果てはその仕事を引き受けていないでしょうか？

あなたが部下に代わって解決策を考えてしまうがゆえに、部下は「どうせ上司がなんとかしてくれるから」と自分の頭で考えて行動することを放棄してしまうのです。

もう少し具体的に言うと、部下はあなたのところに行きさえすれば、「ここから先は、私がやっておくから」と自分の代わりにトラブルシューティングまでしてくれるのだから、なんと便利でありがたいと考える、ということです。部下からすれば「しめしめ……楽勝、楽勝」とほくそ笑むところです。

面倒な案件に出くわしたら、部下はそれを上司にまわすのがクセになり、下手をすれば「そのために上司はいるんでしょ！」くらい、平気で思いかねません。そんなあなたは、失礼ながら部下にとって完全に**「チョロい上司」**となってしまうのです。

ここで一度、考えてみてください。この上司・部下の関係は明らかにいびつではないでしょうか。部下は上司であるあなたに仕事を丸投げしてラクをする一方、あなたの仕事は増えるばかり……。

こんな歪んだ関係は、できるだけ早く逆転させるべきです。**部下にラクをさせてはいけません。**上司である「あなた」がラクになるやり方を確立させ、あなたがすべき仕事に集中できる環境を手に入れてほしいのです。

そしてここが重要なのですが、**あなたがラクになるやり方こそが、結果的に部下に「自分で乗り越える力」をつけさせることに繋がる**のです。

◆部下に「答えない」ための会話のスキル

それでは、部下が何かに困ってあなたに相談しに来たとき、具体的にどうすればばいいのでしょうか。

その答えは、逆説的ですが**「答えない」**というスタンスを貫き通すことです。

こう書くと部下を「無視しろ」と言っているように聞こえるかもしれませんが、対話自体はもちろんしてください。ただしその際、これまでのようにあなたが解決策を考え、それを部下に与えるという行為をスッパリやめてほしいということを意味しています。その代わり、部下本人が自分の頭で解決策を考えざるを得なくなるような対話の流れを作るのです。そのためには、ちょっとしたスキルが必要です。そのスキルとは、次の2つです。

①部下が言った通り「復唱」する。
②部下の発言に「合いの手」を入れる。

順番に説明しましょう。

最初の**「復唱」**とは、相手（部下）の話した言葉や内容を繰り返すという方法です。例えば、部下が「もう無理です」と言ってきたら、「もう無理なんだね」と繰り返すのです。「できません」なら「できないんだね」でOKです。また、相手の話が長い場合には、その内容をあなたが要約したうえで復唱するのも効果的です。例えば、「○○○ということがわからないんだね」という言い回しが使えます。

しかし、あなたが復唱しただけでは、相手（部下）から次の言葉がなかなか出てこないのも事実。そこで2つめのスキル、**「合いの手」**の出番です。

例えば、「それについて、もうちょっと詳しく教えてもらえる?」「それで?」「というと?」「それから?」という言葉を用いて、さらに突っ込んだ説明をするよう部下を促すのです。

部　下「商談先が値引きに応じてくれません」
上　司「値引きに応じてくれないんだね**（復唱）**」
部　下「……」
上　司「それで?**（合いの手）**」

このようなイメージです。

上司からこの「合いの手」が入ると、内心「どうしよう……」とヒヤリとなる部下が多いものです。いつものように、上司から解決策をもらえると思っていた部下からすれば、上司からの「合いの手」は想定外。「まさか、上司から発言を促されるなんて……」と動転する人もいるでしょう。

必死になった部下が、その場しのぎとしか思えない説明や言い訳を始めたとします。

このとき大事なことは、**上司たるあなたは決して部下の発言を止めないことです。**イライラを感じても「グッ」と我慢、ひたすら「復唱と合いの手」を続けましょう。すると部下は、最後まで言い切るしかなくなります。そうした体験を部下に積ませることが必要なのです。

一貫して「答えない」スタンスの狙いはここにあります。部下に最後まで「言い切らせる」こと。「もう、これ以上は答えられない！　考えられない！」という経験をあなたとの対話の中で積ませましょう。

「復唱と合いの手」を継続的に実践していくことで、おもしろい変化が生まれます。解決策を与えてくれない上司と対面することで、さすがに部下も「自分でなんとかしなければ」と腹をくくって、自分の頭で解決策や課題を克服するアイデアを考え始めます。

つまり「復唱と合いの手」による対話が、自分の頭で考える部下を生み出すのです。

◆「チョロい上司」から「答えない上司」へ

「復唱と合いの手」を使った対話を2、3回でも続ければ、すぐ解決先を出してくれる「チョロい上司」から「何を聞いても答えてくれない上司」へとイメージが変わります。

しかしながら「解決策を提示しないと、上司としての威厳が保てないのでは」と不安を口にする人もいます。しかし私から言わせれば、安易に解決策を与えてしまうから、あなたは「チョロい上司」として扱われるのです。

あなたが心の底から「自分の頭で考えられる部下」を育てたいのであれば、「問いかけばかりして、まったく答えない上司」と部下から思われるくらいでなくてはなりません。この姿勢を貫き通す勇気を持ちましょう。

ただし、実際問題として「答えない上司」であり続けるのは、簡単なことではありません。私が主宰するワークショップでは、実際にこの「答えない上司」体験をしてもらいます。そして、多くの体験者が「『答えない』スタンスを続けるのに四苦八苦した」という感想を持ちます。「答えてはいけない」と頭ではわかっていても、相手から相談されると、つい答えを与えてしまうのです。

そこで、「答えない」スタンスをキープするコツをお伝えしましょう。

それは、**「相手（部下）は、自分で解決する力を持っているのだ」と信じること**です。相手のその力を引き出すためにも、途中でアドバイスを決して与えないという強い意志を持つことが大切。あなたがアドバイスをした途端、相手の思考はストップしてしまうのです。

もちろん、このスタンスは一朝一夕で身につくものではありません。会得するには、ひたすら続けるほかないのです。解決策を口にしそうになっても、グッと我慢です。

相手を信じて、「復唱と合いの手」を貫く。そうすればきっと、あなたの部下は変わっていきます。

POINT 2

承認する

「ほめる」よりも部下の心に響く会話

「部下はほめて育てる」。これが昨今の人材育成のトレンドです。

ところが、「よくできているよ」「いつもがんばっているね」と積極的にほめているものの、肝心の部下の反応は鈍い。上司が期待するような「自分で考え、自律して行動する部下」に成長している実感がない……。

「ほめてもうまくいかない」という悩みも、上司からよく寄せられます。しかし、これは起こるべくして起こっているというのが私の意見です。

ほめることで、もちろん部下のモチベーションはある程度高まります。ひと昔前の日本の会社組織では、「厳しく叱って育てる」タイプの上司が圧倒的に多かったものです。「仕事はできて当たり前」が基本スタンスで、部下が仕事で成果を上げても特に声がけはしません。下手をすれば無反応である一方、部下がミスをすれば厳しく叱る。

こうした対応でモチベーションを上げられるのは、いわゆる「叱られて伸びるタイプ」の一部の部下だけだったことでしょう。

人間は誰しも、程度の差こそあれ、他者から認められたいという**「承認欲求」**を持っています。「承認欲求」が満たされるか否かは、仕事のモチベーションにも大きく影響します。ところが、いくらがんばっても上司は無反応。しかも、ミスすれば厳しい叱責が待っている。上司から示されるのがマイナスの評価だけなら、部下はどう感じるでしょうか。これが職場での日常では、モチベーションが下がるのは明白ですね。

「これではうまくいかない」という反省から、近年、人材育成において「(部下を)ほめる」ことが重要視されるようになりました。これ自体は望ましい傾向です。しかし、冒頭で述べたように「うまくいっていない」と感じるリーダーが増えています。

その原因はシンプルです。

みなさん「ほめ方」を間違っています。具体的に言うと、**「ほめる」を無意味に使いすぎてしまっているの**です。

その結果、何が起こっているのでしょうか。

ひとつめが、「忖度《そんたく》する部下」が生まれてしまうということ。つまり、**部下の方が「何をすると、あなたがほめるのか」を前もって敏感にキャッチし、「上司にほめてもらえる行動」だけをとるようになるのです。**

なぜ、こんな現象が起きるのでしょうか。それは「ほめる」行為には、上司の「主観」「判断」「都合」が入ってしまうからです。つまり、あなたの「意図」が色濃く反映されている。部下には「上司に評価されたい」という基本的な欲求がありますので、当然、あなたの意図を読み取ろうとします。すると、あなたにとって「耳ざわりのいいこと」だけを選んで発言したり、行動する部下が生まれます。その結果、部下はあなたの意に沿った「上司のための作業員」になってしまいます。

2つめが、「ほめる」を多用することで、**部下がほめられることに慣れてしまい、もはや何をほめられたとしても心に響かなくなるのです。**これでは、モチベーションアップには繋がりません。

また、部下本人が仕事の結果に納得していないときに、上司が気をまわしてほめたとしたらどうでしょう。そのほめ言葉は、部下にはいかにも嘘っぽく聞こえるはずです。モチベーションが上がるどころか、逆に下げてしまいかねません。

「ほめる」が部下のモチベーションを上げるうえで、効果的な方法のひとつであることは、私も否定しません。ただ、前述したように、無意味に使いすぎては機能しないのです。それでは、いつほめるといいのでしょうか？　私からの提案は、**あなたが本心から「ほめたい！」と思ったときだけにすればいい**ということです。

主観の判断抜きで伝えられる

では、それ以外のときは部下に対して無反応でいいのかというと、もちろんそんなことはありません。部下のモチベーションアップには、要所要所で部下の承認欲求を満たすような、上司の言葉と態度が欠かせません。

ここで、みなさんに日常的に使ってもらいたい**「承認」**について、解説しましょう。

承認とは、簡単に言えば、**「相手の存在」を認めること**です。相手がそこにいること、相手が行動したこと、相手が発言したことなどを、「気づいているよ」「見ているよ」「聞いているよ」「受け取っているよ」としっかりと相手に言葉で伝えるのです。

これが人間という存在のおもしろいところで、自分の存在や行為、発言といったものを相手に認めてもらえるだけで、承認欲求が満たされる傾向があります。

ここからは承認には「ほめる」と違って、あなたの主観がさほど入らないというお話をしましょう。

例えば、持ち物の財布を変えた相手に対して、「その財布、かわいいね」と言えば「ほめる」ことになります。「かわいい」というのが、あなたの主観による判断だからです。一方、「あれ、財布を変えたんだね」と言えば「承認」です。この場合は、相手の状態・状況についてふれただけで、あなたの主観による判断は入っていません。

このように、承認の方が「ほめる」に比べて、**はるかに中立的な表現として相手に届きます。**そのため、上司の意図を忖度させることなく、部下のモチベーションを高めていくことができると考えています。

さらに承認の利点として、「ほめる」よりも使いやすいことが挙げられます。例えば、確実な成果がまだ出ていない段階では、部下をほめることは難しいでしょう。しかし、今の状況自体を承認することはできます。「進んでいるね」「その調子だよ」という言葉をかけられます。これを**プロセスの承認**といいます。

また、部下に頼んだ仕事の仕上がりが期待通りでなく、ほめるどころか本音としては思い切りダメ出しをしたい場合はどうでしょうか。この場合も、「承認」は有効です。「そういうやり方もあるよね」「おっ、これは意外な展開」というように、部下のやろうとしたことをひとまず認めることはできます。これを**見解の承認**といいます。

こうした承認の言葉を普段から部下に伝えられていれば、部下のモチベーションを高めることに役立ちます。さらには、上司であるあなたから部下に対して建設的なフィードバックをする場合、部下が素直にそれを受け入れる素地をつくることにも繋がるのです。

◆現場で使える承認フレーズ

ここで承認の具体的な方法を解説します。私は承認を大きく次の4つに分類しています。

ケース1　相手の言葉や存在そのものを承認する

フレーズ……○○なんですね（復唱）
そうなんですね
○○と言っていたね

ケース2　相手が達成した「成果」を承認する

フレーズ……すごいね
最後までやれたね
素晴らしい成果！

……達成できたね

ケース3 **成果を出すための「プロセス」に焦点を当てて承認する**

フレーズ……本当によく考えているね
順調に仕上がっているね
もう少しでできそうだね

ケース4 **「合意はしないけど、見解については理解できる」ことを示して承認する**

例……この状況なら、そう思うのは当たり前だよね
この状況ならそれは理解できるよ
そういう考え方もあるよね
それは新しいね

ちなみに、承認の際の言葉がけは「手短に」を心がけましょう。要点を短く伝えることで、相手の耳に入りやすくすることがうまくいくコツだと思ってください。

POINT 3

傾聴する

部下からの信頼感を劇的に上げる方法

ここ数年、さまざまな企業で導入が進められている人材育成の手法のひとつに、「1on1《ワンオンワン》ミーティング」(以下、1on1)があります。

1on1は、上司と部下が1対1で行う個人面談です。1on1の目的は、その対話を通じて、部下が自律的に考え、行動できる人材へと成長を促すことです。そのため、1on1では「部下に話をさせる」ことを重視しています。上司は聞き役に徹し、かつ、部下が自らの洞察を深めながら話し続けるのをサポートすることが求められます。

ところが、この1on1が苦手という上司が少なくありません。その理由として多いのが「気がつくと自分ばかりが話していて、部下の話を聞けずに終わってしまう」というものです。

1on1では、「部下にどんどん話してもらうことが大切」ということを、上司は頭ではわかっています。しかし、つい口を挟んでしまい、やがて話すのが止まらなくなる。この現実に「話が聞けない上司たち」は「どうしたらいいのか」と落ち込み、悩んでいるのです。

そもそもなぜ、口を挟んでしまうのでしょうか。それは「教えたくなる」のと似たような心理が働いているからです。つまり、相手の話を聞いているうちに**「問題を解決したい」という意識が強まり、アドバイスを部下に与えたくなってしまう**のです。

部下が今置かれている状況は、多くの場合、過去に上司であるあなたが通った道です。部下がこれからどんな壁にぶつかりそうか、どう対処すればその壁を切り抜けられるかを、部下本人よりはるかに熟知していることでしょう。

そのため、目の前で停滞している部下を見ると、つい「こうすればいいんじゃないか」など、「問題を解決したい」モードになって口を挟みたくなるのは当然のことです。

しかし上司が口を挟むことのデメリットは、部下から話す機会を奪うだけではありません。上司が発言することで、部下が上司の意図や関心を忖度し、その意向に沿ったことしか言わなくなる怖れがあるのです。すると、部下の真意はますますわからなくなるのです。その結果、1on1が本当になんの成果も生み出さない「無駄な時間」になってしまうのです。

◆沈黙が流れても、話すのは我慢しよう

それではこの状況を打破するため、上司であるあなたは、何をしたらいいのでしょうか。

その答えは**「傾聴」**です。傾聴とは、相手の話に耳を傾けて、相手の話を聞きながら、相手の言葉の背景にある「本質」が何かを見極めていくことです。

しかしながら、傾聴の大切さを理解して、「今日こそはしっかり傾聴するぞ！」と固い決意で1on1に臨んでも、結局、自分ばかりが話してしまう。残念ながらそれが現実でしょう。

そこで私が上司のみなさんにおすすめするのが、「無になってください」というも

のです。

なんだか禅問答みたいですね。

別の言い方をすると**一切の判断を「先送りする」こと**でもあります。部下の話を聞きながら「解決したい」モードに入りそうになったら、ひと呼吸置きます。そして「今はそれについて判断しなくてもいい」と、「判断する」という行為の優先度を一旦下げるのです。そして、部下の話を聞くことに専念します。

しかし、これでもうまくできないという人もいるでしょう。そんな人には、次のキーフレーズで自問自答してみることをおすすめしています。「なぜ今、私が話しているのか？」

これは、「今、この場」での本来の目的に立ち返るためのキーフレーズです。

この自問自答で、ひと呼吸置くのです。そうすれば、部下の話す機会を奪ってひたすら話し続けようとしている自分の存在に気づくことができます。

ところで、丁寧な傾聴を続けていくと、両者が喋らない「沈黙」の時間が生まれることがあります。たいていの人は沈黙が苦手です。沈黙を破ろうと口を開きたくなりますが、ここもグッと我慢。あなたが黙っていれば、部下は話さざるを得なくなりますので、その働きを利用するのです。相手が話すのを待つ胆力も、上司には必要です。

◆上司と部下の信頼関係が深まる

こうした丁寧な傾聴は、できれば1on1の時間中ずっと維持してもらいたいのですが、慣れないうちはなかなか簡単ではありません。

そこで、私がコーチングで上司のみなさんに伝えているのが、**「持ち時間の最初の4分の1は傾聴に徹してください」**ということ。

1時間の1on1であれば、最初の15分はひたすら聞き役に徹して、部下の話に全面的に耳を傾けてほしいのです。何事も初めが肝心です。

そもそも日常生活のコミュニケーションにおいて、「話したい内容を、好きなだけ話していいよ」という場を与えられることはほぼ皆無です。会話の相手に配慮しながら、自分が話す量をコントロールするのが通常だからです。それは社会生活を営むうえで必要なスキルではあります。

しかしその一方で、私たちの中には「もっと自分の話を聞いてもらいたい」という欲求があります。傾聴はまさに、相手のその欲求を満たす機会といえます。

私たちは基本的に、親身になって聞いてくれた相手に対して好感を持ちやすくなり、信頼感も生まれやすくなります。部下に話をさせることが目的の1on1は、部下の自律性を促す機会であるとともに、上司と部下との間で信頼を醸成する機会でもあるのです。

POINT 4

ダークな好奇心を発揮する

≫部下の「内発的動機」を見つける方法

ひと昔前なら、「成功した人生」や「幸せな暮らし」といえば、たいてい「物質的な豊かさ」と直結していました。働く人たちのモチベーションを上げるのに、「物質的な豊かさ」を「出世」（地位）や「昇給」（お金）などで具体化することは今より簡単でした。

ところが現在の日本では、「物質的な豊かさ」が以前ほどには大多数の人を惹きつける要素ではなくなりつつあります。

そのため、「この仕事が成功したら、課長に昇進できるぞ！　給料も上がるんだから、がんばれ！」と部下を鼓舞したつもりでも、部下のやる気をさほど引き出すことができない……。そんな現象があちらこちらの職場で起こっています。

コーチングをしていても、「出世に興味のない部下が結構いて、彼らのモチベーションの上げ方がわからない」という悩みを、上司たちからよく聞かされます。

このタイプの部下をその気にさせるヒントが、「モチベーション3・0」という考え方です。2010年ごろに、アメリカの文筆家であるダニエル・ピンクが提唱した概念です。

ピンク氏は、これまでの「できたら報酬（アメ）を与え、できなかったら罰（ムチ）を与える」という「アメとムチ」型のマネジメント手法を「モチベーション2・0」としています。そして、この「モチベーション2・0」では多くの職場がうまく機能しないことを指摘しました。代替するモデルとして新しく提唱されたのが「モチベーション3・0」です。

その考え方は、アメやムチのように外側から与えられる動機付け（外発的動機付け）ではなく、**自分の内側からわき起こる動機付け（内発的動機付け）をベースに人材をマネジメントする**、というものです。

内発的動機付けとは、具体的には**「やってみたい！」という強い関心や興味、「挑戦しよう！」という熱い意欲**などを指します。こうした内発的動機付けは、長期にわたって本人のやる気を引き出し続けます。また、やる気とともに本人の自律性や創造性も高められていきます。したがって、内発的動機付けによるモチベーションアップを職場で定着させることで本人はもちろん、その人が属する組織の成長をも促していくことが期待できるのです。

◆部下に対して、もう少し好奇心を持とう

ここで少し考えてみましょう。

「出世に興味ゼロ」という部下にも、本人にとって「出世」に代わる内発的動機付けとなる要素は何かしら存在しているはずです。その要素を探り当てて仕事と結びつけていければ、部下のやる気を引き出すことができるのです。

しかしながら、上司であるあなたが部下に「君が心の底から、やる気を感じるものは何だ?」と単刀直入に聞いても、的を射た回答は得られないと思います。なぜなら、聞かれた部下にしても、自分にとっての内発的動機付けの要素が一体何なのか、案外わかっていないことが多いからです。

それでは、それぞれの部下にとっての内発的動機付けの要素をどうやって見つけ出せばいいのでしょうか。

その答えは、一見遠回りのようですが、**結局は日々の「対話」の中にある**と私は考えています。ただし「対話」といっても、単に部下と話せばいいのではありません。

この場合、私たちコーチが日ごろクライアントとの対話で意識している、あるキーワードを活用することをおすすめします。

そのキーワードとは、**相手に対する「好奇心」**です。

「この部下は何に対してなら、やる気を発揮するのだろうか」という好奇心を持って、相手の話を掘り下げて聞いていくのです。

「いまさら部下に好奇心なんて……」というあなたの心の声が聞こえてきそうです。

確かに、いつも顔を合わせている相手に好奇心を向けることは意外と難しいものでしょう。しかも、日常業務の会話は、どうしても似通った内容の繰り返しが多いため、新鮮な気持ちで好奇心を相手に向けるのには工夫が必要です。

「相手に好奇心を持て」と言われると、相手に100パーセントの興味を持たなくてはと肩に力が入るかもしれません。しかし、職場においてはその限りではありません。ほんのちょっとだけ、イメージとしては「小指の爪の先ぐらいの好奇心」でも、相手に向けられればOKです。そう言われると、なんだかハードルが下がりませんか？

例えば、あなたが部下の発言に対して「また同じ話か！ 何回説明したら理解するんだ」と心の中で思ったとします。これをそのまま口にすると、ただの批判になってしまい、好奇心のかけらもなくなります。ここが知恵の使いどころです。

この批判的な言葉を、**疑問文に変換**してみましょう。例えば、頭の中で**「なぜこの部下は、同じ話を今日もしてくるのだろうか？」**という問いかけの形に変換します。心の中の断定的な批判を疑問文に変換することで、部下の発言に対して「もしかしたら、今日は何か別に言いたいことがあるのではないか」という可能性に気づくことができます。これが、ひとかけらの好奇心が相手にわいた、という証拠です。

これを私は**「ダークな好奇心」**と呼んでいます。全面的な興味・関心を相手に向けなくても、批判を疑問文に変える力があれば、相手に必要最低限の好奇心を持てます。

ダークな好奇心によって部下の内発的動機が見えてきたら、次の段階ではそれを今の仕事と結びつけていきます。これも対話によって進めると、お互いの合意が得やすくなります。その際も、考えるのはあくまでも部下であることを忘れないようにしましょう。上司であるあなたは、オープン・クエスチョン（92ページ参照）を使って、部下が自律的に思考を深めていくプロセスをサポートします。次のような感じです。

上司「今までの話の中では、『社会に貢献する仕事がしたい』と言っていたよね。**（復唱）**それ、すごく大切なことだよね。**（承認）**今日は○○さんと一緒に考えたいんだけど、今の仕事の中でそれが発揮できる部分ってどんなことかな？　まとまってなくてもいいから、ちょっと教えてくれる？」

部下「今の仕事で、ですか？　ちょっと思いつかないですね。仕事と社会貢献ってあんまり結びつかないとは思います」

上司「確かにそういうことはあるかもしれないね。少し一緒に考えてみようか。どんな可能性があるかなぁ？」

部下「そうですね、あまりまとまってないですけど、例えば既存のお客様に改めてヒアリングをして、今買ってくださっている商品以外にどんなニーズがあるか聞いてくるとかですかね」

上司　「**(ダークな好奇心を活用しながら)** 今いるお客さんに新しいニーズを聞いてくるということだね?**(復唱)** 確かにそれ、大切そうだね。**(承認)** じゃあ手始めに、それをやってみることはできる?」

部下　「考えたことなかったですけど、やってもいいんですか?」

上司　「いいよ」

部下　「ずっとそれ、やってみたかったんですよね」

上司　「じゃあ、やってみて、どうだったか教えてくれる?」

部下　「はい!」

この会話の中では「社会に貢献する仕事」と「お客様への改めてのヒアリング」という項目が出てきますが、上司の頭の中ではまったく関連性が見出せなかったかもしれません。そこをグッとこらえて、ダークな好奇心を発動させていく会話を再現してみました。

こんな流れで会話を進められれば、部下は上司の指示・命令に従って動くのではなく、自身の内発的動機のスイッチを自分で入れるきっかけを見つけられるでしょう。

丁寧な対話は「先行投資」になる

部下の内発的動機の要素を見つけるのも、それを今の仕事にどう結びつけていくのかを探っていくのにも重要な鍵を握るのが、**「対話」**です。

上司であるあなたは、好奇心を持って相手の話を聞き、相手の興味・関心を掘り下げ、内発的動機となる要素を探り当てていく。さらに、その要素をどう仕事に結びつけていけばいいのか、部下が自分で答えを出せるように、オープン・クエスチョンで部下の思考を広げる手伝いをしていくのです。

こうした作業は正直なところ手間がかかります。部下のマネジメント以外にも、日々大量の仕事を抱える上司なら「部下のモチベーションアップのために、そこまでやる必要があるの？」というのが本音かもしれません。

例えば、こうした丁寧な対話は「先行投資」と考えてはどうでしょうか。この投資をすることによって、部下との後々のコミュニケーションが格段にうまくいく可能性を考えるのです。なにしろあなたは、部下の内発的動機の正体をつかんでいるのですから。

余談になりますが、部下の側からすれば、こんな対話をしてくれた上司は、その後の部下の仕事人生において**「ずっと覚えている上司」**になる可能性が高いです。なんといっても自分にとってのモチベーションの核を一緒に探ってくれた相手ですからね。言い換えれば、自分の価値観を掘り起こすのを手伝ってくれた人でもあり、自分の次のステージへの成長に導いてくれた恩人にもなり得ることでしょう。

あなた自身、どこかのタイミングでこうした上司に出会ってきたかもしれません。そして今度はあなたが、部下たちのそんな存在になったとしたら素敵ですね。

POINT 5

優先順位をつける

》会話の「4つのアプローチ」を選ぶ方法

本書の根底にあるのは、コーチングの技術と考え方です。

そんな中、私からあえて読者のみなさんに問いかけたいのは、「スキルとしてのコーチングは万能なのか？」ということです。

私たちプロのコーチは、コーチングを提供するのが仕事ですので、コーチング以外の手法を活用することとの優先度は低くなりがちです。しかし、一般企業で働く上司の場合、仕事の間中ずっとコーチングスキルを活用していればすむわけではありません。

特に問題になるのは、自分の部下がスキルや経験不足のため、上司がプレイングマネージャーとして現場に出て実務をこなさなければならない局面など、課題解決を優先させなくてはいけないときです。部署の売上目標が未達で、上司が売上を作らねばならないケースが典型といえるでしょう。こうした局面では、コーチングにかける時間が物理的にとれず、速やかな意思決定と指示・命令が必要になってくる可能性が高いのではないでしょうか。

上司がコーチングを学ぶことに唯一デメリットがあるとすれば、すべての局面で「コーチング的なアプローチ」を活用することが大前提と考えてしまうことだと思います。

上司は直面している状況に応じて、採用するコミュニケーションの手法を臨機応変に変化させられなくてはなりません。

部下の育成に対して時間とエネルギーを注力できない緊急事態の場合には、部下育成の課題を一時的に棚上げすべきでしょう。

ここで、私がリーダーシップ研修でよく取り上げる、上司のとるべきコミュニケーションのアプローチを４つご紹介します。

①指示・命令

②ティーチング（教える）

③メンタリング（経験豊かな人が、経験の少ない人へ、自らの経験を伝えることを軸とした対話）

④コーチング

この4つを、「部下の自律性」と「コミュニケーションにかかる時間」という2つの軸からなるグラフにマッピングすると、55ページの図のようになります。

この図からもわかるように、なるべく早く部下に行動を起こしてもらうための方法としては、指示・命令が適しています。短時間のコミュニケーションで、やるべき業務を伝えることができます。

「それでは、指示・命令だけでチーム運営をした方がいいのではないか」と考えるかもしれません。しかし、ここで注目したいのが図の中の「部下の自律性」という軸です。この指示・命令というアプローチでは、相手の自律性を促す効果がほとんど期待できません。なぜなら、部下は上司から言われたことを実行するという、受動的な立場で関わることになるからです。

4つの関わり方の中で、もっとも部下の自律性を促す効果が期待できるのがコーチングです。一方で、対話の時間も一番長くかかるのが特徴です。そのため、即効性を期待するのは難しく、短時間で成果を挙げるには不向きです。

まとめると、部下との関わり方には4つのアプローチがあり、それを意識的に選択できる状態にしておくことが大切なのです。

部下たちの経験やスキルが不足しており、上司自身が「プレーヤー」として動かなくては、チームの目標達成が危ぶまれるケースを想定してみましょう。

このようなケースで上司が判断に迷うのは、「直近の成果を重視して活動するべきか」、あるいは「部下の育成や能力開発にも時間を割くべきか」、ということです。

あなたなら、どうしますか？「2つを両立させたい」と多くの上司は考えるでしょう。

しかしあえて断言しますが、このケースでは、「指示・命令」を選択すべきです。「これをやって」「この順番で進めて」という形で、なるべく短い時間で、簡潔で直接的な指示を出し、部下に「何をしてほしいか」を明確に伝えます。部下に動いてもらうことで、目標達成に必要な業務量を確保し、速やかに成果を挙げることに注力してもらう。

上司の部下に対する4つのアプローチ

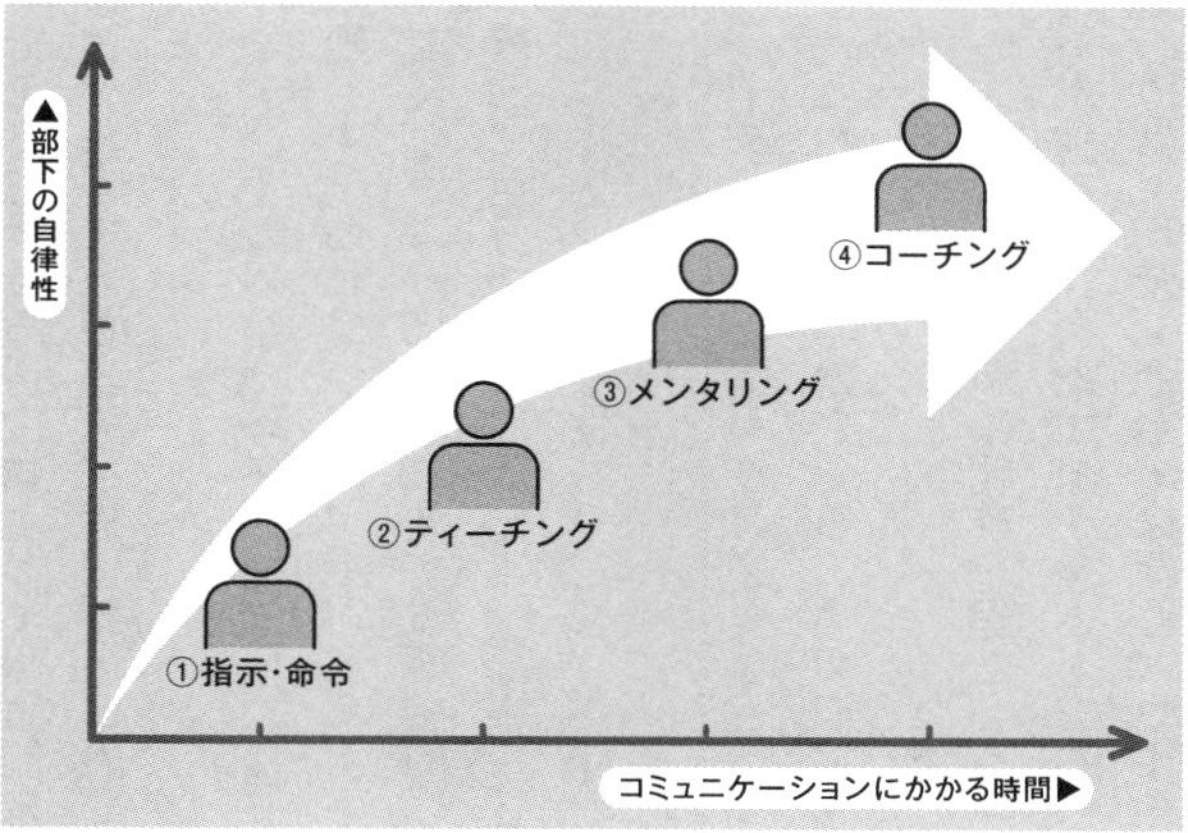

「部下の育成を優先したい」という意気込みは、上司として素晴らしいことです。

しかし、上司は現状を的確に認識したうえで、必要な判断を下さなければなりません。今回のケースでは、**優先順位の思い切った変更**が必要なのです。

◆コーチング的な関わりに戻すタイミング

今回のケースのように、指示・命令を中心としたアプローチを採用すると、チームは徐々に上司であるあなたの意をくんだ活動をとり始めます。うまく機能するにつれ、あなたの手が空いて、若干の余裕が出てくることもあるでしょう。

そこまできたら、上司として限定的にせよコーチング的な関わり方を活用し始めることをおすすめします。特に部下との間で丁寧な対話が必要な話題に、次の2つがあります。

まずひとつめが、**今後、部下に「任せたい仕事」「熟達してほしい仕事」に関する話題**です。これはつまり、上司から部下への「**権限移譲**」に関わることです。

前述したように業務に関する直接的な指示・命令では、部下の自律性が育ちません。最終的に自分の手から離して、部下に任せたい仕事がある場合、部下との対話を軸にしたコーチング的な関わり方で、相手が自律的にその仕事に取り組むよう促していきましょう。

コーチング的な関わりが必要なもうひとつの話題が、**倫理観に関する問題・課題**です。これはどちらかというとネガティブな話題になります。例えば、業務面では与えられた目標を達成し、そのスキルや能力は信頼に値するものの、我が強かったりして他のメンバーとの間に軋轢《あつれき》を起こしやすい部下や、同僚が発案したアイデアを、さも自分が独自に作ったアイデアとして提案するような倫理観に欠ける行動をする部下に対しては、指示・命令ではなく、コーチング的な関わり方を通して軌道修正し、解決していくことが必要です。

これらのケースでは、紋切り型に「これはやめてほしい」といった指示・命令を単に出したところで解決しません。時間をかけて、相手の内情や主張を丁寧に傾聴しながら対話を進めるコーチング型のアプローチが有効です。

私はコーチングを専業としているので、「ビジネス上の問題は、コーチングを使えばすべて解決できる」というメッセージを発したくなります。

しかし、実際に現場を率いる上司の立場で考えると、コーチング的な関わり方だけですべてが解決するような単純な環境ではないことは明らかです。

だからこそ上司は、**コーチングを「いつ、どの場面でどのように使うのが最善なのか」**を自分で考え、経験を積んでいくことが重要なのです。

POINT 6

感情を知る

≫自分の感情を把握し、部下の感情に働きかける方法

上司の感情がたかぶると、それは部下にも伝わり、部下の感情を刺激します。ポジティブな感情ならいいのですが、ネガティブな感情の場合、上司・部下ともメリットがありません。上司の怒りの感情は、部下の反発を誘って対話どころではありません。

上司に求められるのは、自分自身の感情をコントロールするスキルと、そのうえで部下の感情に働きかけていくスキルなのです。

スキルを具体化する際に活用できるのが、EQ（Emotional Intelligence Quotient／心の知能指数）の考え方です。EQはしばしば、「心の知能指数」と翻訳されています。ひと言で説明するなら、感情を上手に管理し、それをうまく活用する能力のことです。

EQは、アメリカの心理学者であるピーター・サロベイ博士とジョン・D・メイ

ヤー博士によって1990年に提唱された概念です。今やビジネスでの成功に欠かせない能力として、人材育成等の分野で積極的に取り入れられています。上司がチームをまとめていく際に、EQが必須の能力であることは言うまでもありません。

そのスキルを磨くためにまず理解しておきたいのが、EQを構成する次の4つの領域（能力）です。

①自分の感情を認識する
②自分の感情をコントロールする
③他者の気持ちを認識する
④人間関係を適切に管理する

〈出典『EQ　リーダーシップ』ダニエル・ゴールマン他　日本経済新聞社〉

◆自分の基準は部下に押しつけない

こうしたEQの4つの能力をベースに、自分の感情をコントロールし、かつ部下とのコミュニケーションにおいて感情を上手に使っていく方法があります。

私が上司の立場にある人たちに提案しているのが、次の4つのステップです。

ステップ①　自分の感情を知る

今の自分の感情を観察し、把握します。自分の感情をコントロールするには、まず自分の感情に気づく必要があります。

「今、自分が怒っているのか、うれしいのか、不安なのか、悲しいのか」と、感情を観察していくことが感情コントロールのスタートになります。

ステップ②　自分の感情を活用する

今の自分の感情が把握できたら、それに対して自分がどう対応するのが適切なのかを検討します。例えば、「今、かなり腹が立っている」とわかったなら、それを相手に伝えるのか、伝えないのか。伝えるなら、どう伝えればいいのかを検討します。

ステップ③　相手の感情を知る

ステップ②までは自分自身のことでしたが、ここまで整理がつけば、相手の内面にも同じことが起きている、という単純な事実にも気づくことができるはずです。

相手の感情を完璧に理解し、把握することは不可能ですが、「今、相手は怒っているのか、うれしいのか、不安なのか、悲しいのか」と、相手が感じていることを想像したり、推測したりすることは可能です。

自分の感情と相手の感情は異なるという事実に目を向けることが大切です。

ステップ④ 適切な感情でコミュニケーションをとる

ステップ①～③のプロセスで得られた知見や洞察を活用し、自分にとっても相手にとってもベストな形のコミュニケーションをとれるよう工夫します。

強く意識してほしいのが、相手とあなたとでは、「思考」「好み」「優先順位」が異なるということです。「相手には相手の、私には私の『基準』がある」ということです。

逆に「自分の基準」のみで相手と接すると、相手の言動や態度などに違和感を覚えた際に、ネガティブな感情が生じやすくなります。ネガティブな感情を一方的に解消するために、自分の基準を相手に押しつけると、「いいから、やれ！」といった相手の感情を抑え込む強圧的な発言や行動が起きます。それではうまくいきません。

POINT 7

隠された真意を知る

≫「4つのステップ」で部下の真意を引き出す方法

上司は部下からの「教えてください」という言葉に弱いもの。相手にそう言われると、自分の知っている知識や経験を伝えたくなるものです。しかし、部下の「教えてください」に対して素直に答えてはいけません。

部下に安易に解決策を与えたり、仕事自体を引き取ってしまうと、いつまでたっても部下が自分で考えて行動するようにならないことは第1章の1で説明した通りです。「教えてください」と部下に言われたら、復唱と合いの手を貫きます。「教えてほしいんだね」と復唱して、「それで？」と合いの手を入れて、部下の反応を待ちましょう。

ここでは、視点を変えた話をしましょう。

「教えてください」の言葉に素直に乗らないことで、部下の感じていること、考えていることへの理解を深めるチャンスに変えることができるかもしれません。

なぜなら、**「教えてください」の言葉の裏には、部下があなたに「もっと伝えたいこと」が隠されているケースがよくある**からです。

あなたが部下だったころのことを思い出してください。仕事でわからないことがあったとき、上司に直に「教えてください」と聞きにいったでしょうか？　私なら「こんな簡単なことも理解していないのか！」と、上司に怒られる不安を感じて、聞けなかったと思います。上司の機嫌が悪ければ、怒鳴られることだってありますよね。そんな事情もあって教えてもらいたい、確認したいことがあっても、上司には直接聞かず、同僚や年次が少し上の先輩に聞いて解決しようとしていたはずです。

だとすると、部下が怒られるかもしれないリスクを冒してまで、あなたのところにわざわざやってくるのは、事前にそのようなプロセスを踏んでなお、解決しなかった事柄について話したかったからではないでしょうか。

ここは**「何かあるな」とアンテナを張るべきタイミング**です。部下はあなたに伝えたい、相談したいことがあるものの、なかなか言い出せない、どう切り出すべきかの糸口がわからないのかもしれません。そこで、「教えてください」という第一声で、あなたと対話するきっかけをつかもうとしているのかもしれません。

企業のお客様相談センターのオペレーターでは、こうしたお客様の「隠された意図」を聞き取れて初めて一人前と認められるそうです。

ある健康食品メーカーのお客様相談センターの話です。高齢者のお客様から「□□という健康食品は毎朝、何粒飲めばいいの？」という問い合わせを受けたとき、新米のオペレーターはマニュアル通りに「3粒でございます」と答えて電話を切ります。

一方、ベテランのオペレーターの発想は違います。「パッケージのお客様相談センターの電話番号の近くに、1回何錠飲むかは書いてある。それをわかったうえで、お客様が電話をかけてきたということは何かある」と判断します。そこで、お客様に質問をしながら問い合わせの「隠された意図」を探っていくといいます。

相手の言葉を表面的に鵜呑みにするのではなく、その裏に「隠された意図」を探っていく姿勢は、上司が部下と対話する際にも重要です。

◆隠された真意を引き出す4つのステップ

部下の「隠された真意」をつかむには、どんな対話のスキルが必要でしょうか。
次の4つのステップを意識して対話していきましょう。

ステップ①　復唱する
ステップ②　真意を引き出す
ステップ③　テーマを設定する
ステップ④　合意形成をする

部下が「教えてください」という主張をしてきたケースで、そこには本当に伝えたい、隠れた「真意」がひそんでいるかもしれないのは、先にお話ししました。
そこで、先ほどの新米オペレーターのように答えを教えるのではなく、そこをグッととらえて**「相手には、本当に話したい話題が別にあるのだろう」**と考えてみてください。最初のステップでは、相手が話してきた言葉をそのまま復唱します。

……………

部　下「先日の会議で指示をいただいた資料作りなんですが、進め方についてもう1回教えてください」
上　司「進め方について教えてほしいんだね？（復唱）」

このような単純な復唱のコツは、キャッチボールをイメージすることです。具体的には、相手が投げてきたボールを受け取り、それを相手に投げ返すようなイメージです。いたって単純な作業だと思って、取り組んでみてください。

次のステップでは、部下が本当に話したかったことを引き出していきます。

部　下「はい。会議では納得したつもりだったんですが、実際にやろうと思ったらイマイチわからなくて」

上　司「そうなんだね、実際にやろうと思ったらわからなかったんだ**（復唱）**」

部　下「そうなんですよ。まわりの同僚にも聞いてみたんですけど、いろんなことを言われて逆にわからなくなっちゃいました」

上　司「そういうことがあったんだね。まわりに聞いたらいろんなことを言われて、わからなくなったと**（復唱）**」

部　下「はい。というか、同僚と話をしている中で言われたのが、その資料は会議でもほとんど使われないから、適当に作っておけばいいんだよ、ということだったんですよね。言いにくいんですけど**（真意を引き出す）**」

……………

上　司「そうだったのか。言いにくいことを言わせて悪かったね」

部　下「いえ。そんなことで、教えてほしいというより、この資料を作る目的や、どこでどう使われるかに納得したいというのが本音のところです」

……………

何気ない相談の裏に、このような深い「真意」が隠れていることがあるのです。

部下が本当に言いたいことは、「資料作りの進め方」という最初の第一声には、まったく情報として表現されていないことに注目してください。

部下にも遠慮があり、話の順番として言いにくいものは後回しにする心理が働きますので、第一声に飛びつかないことがとても大切なのです。

こうして部下の「真意」を引き出すことに成功したら、次のステップに進みます。先ほどの復唱を応用して、「テーマを設定する」のです。

……………

上　司「では、今日は教えてほしいというよりは、この資料を作る目的や、どこでどう使われるか、というところに納得できればいいということかな？**（テーマ設定）**」

部　下「はい。その話ができると助かります」

一見、省略できそうなステップに見えるかもしれませんが、相手の言葉を復唱して伝え、確認をとることで、上司と部下はこれから同じ話題を話していくんだというプロセスへの理解が深まりますので、丁寧に話を運びましょう。次が最終ステップです。

上　司「わかった。じゃ、今日はその話をしていこう**（合意形成）**」
部　下「はい。よろしくお願いします」
上　司「じゃあ、まず君の思っていることを先に聞いてから話したいから、思っていることを教えてくれる？」

この最後のステップが合意形成です。この手続きも若干まどろっこしく感じるかもしれませんが、ここで**口頭で丁寧に合意を取っておくことで、双方が「同じ話題を話すことに合意した」という相互理解に繋がります。**会話の最後には、部下側の見解をさらに引き出すために、「話を聞きたい」という意思表示をしていきましょう。

この4つのステップで、相手は本当に話したかった「真意」を語り始めるのです。

◆「ただ聞いてもらいたいだけ」のときもある

「教えてください」の背後にある「部下の言いたいこと」の中には、解決を求めていない、「ただ聞いてほしいだけ」という場合があります。

例えばある仕事に関して、自分の中でぐちゃぐちゃになっていて、整理できていない感情（不安、あせり、悔しさなど）を、上司であるあなたにただ吐露したいだけということも結構あります。あるいは、部下の頭の中にたくさんの情報があふれていて、思考を整理するプロセスを手伝ってほしいという意思表示の可能性もあります。

上司であるあなたにしてみれば、「こっちは忙しいんだ！　そんな不毛な会話に付き合っているヒマはない！」と感じるかもしれません。しかし、このせっかくの好機を逃さないでほしいのです。これからの時代に求められるリーダーシップでは、**相手の感情を理解して働きかけるコミュニケーション力**が必要不可欠です。

現代の職場ではさまざまな価値観を持つ人が働き、多様化しています。これまでのように昇給や報酬の金額、上位の役職といった外的要因はモチベーションの向上には繋がりにくく、それによりどんな感情を抱くのかという内的要因に軸足が移りつつあります。内的要因とは「何を感じるか」ということを指しており、特に「ポジティブな感情」がモチベーション向上の鍵を握ります。

普段の何気ない会話の中で、あなたが「君の感じていることを、忌憚なく話してほしい」と部下に促したとしましょう。しかし現実は、そう簡単に本音までは口にしてくれないものです。それが、**部下の方から自分の気持ちや感情を伝えようとしてくれているの**ですから、この絶好の機会を利用しない手はありません。

さらにこの機会を、部下との信頼関係を構築するチャンスに広げることができます。

部下にすれば、自分の中で溜まっていた感情を吐き出し、雑然としてまとまらかった思考を整理するきっかけになったのです。「あー、スッキリした！」と晴れ晴れとした気分に変わると同時に、**自分のとりとめのない話を黙って聞いてくれたあなたに対する信頼も増していきます。**

私たちは誰しも、頭の中にある「話したいこと」を100パーセント出し切りたいという願望を抱いています。しかし仕事で関わる大人同士の間では、相手のことを考えずに自分の主張だけを一方的に伝え続けることは常識としてできません。

会話の成立には、自分の話したい事柄と相手の話したい事柄との間でバランスをとる必要があります。実際は意識的にせよ無意識にせよ「今回、私の話は全体の時間の40パーセントぐらいでいいので、あなたの話題に60パーセント程度使ってください」という具合に融通し合っているものです。それが職場での日常ですから、上司が部下の話を最後まで聞くのは「あなたの話を全体の100パーセントでどうぞ」という特殊な体験を提供することです。こうした体験は、相互の信頼を育むことに繋がります。

反対の対応をとったケースを考えてみましょう。部下が、自分が感じている感情や本当に伝えたかった真意を上司であるあなたに伝えようとしているのに、あなたはそれを無視します。当然、部下のフラストレーションは溜まっていくばかり。不満や嫌悪といった「マイナスの感情」が部下の中に蓄積されていきます。そしてその蓄積が臨界点に達したとき、上司への反発や仕事上での大きなミスなど、具体的な問題として表面化していきます。一旦そうなってしまうと、部下との関係修復には時間とエネルギーが非常にかかってしまいます。

部下の生の感情にふれ、真意を探るチャンスを逃さず、最大限活用してください。

POINT 8

対話モデル（TWIST）を使う

》部下に「小さな成功体験」を積ませる方法

会社組織で働いている以上、異動はつきものです。上司であるあなたに他部署への急な異動の辞令が出たとき、あなたが後任として全面的に任せられるリーダーが育っていないというケースを考えてみましょう。今、あなたがしている仕事のレベルまで、後任候補の部下の仕事のレベルを引き上げる必要があります。

急な異動の場合、段階を追って丁寧に部下を育てていくわけにはいきません。そこでポイントになるのは、**部下が「小さな成功体験をできるだけ多く積む」**ことです。「成功体験」と書きましたが、いわゆる万人が認めるような、大きな「成功」である必要はありません。

このようなケースで有効な考え方である**「デザインシンキング」**を紹介しましょう。

デザインシンキングとは、主にプロダクトデザインやマーケティングといった分野で活用され始めている比較的新しい手法です。その特徴は、特に顧客や受益者の体験を中心に据えて商品企画や戦略を定めていく点にあります。また、他の手法以上にスピード感を重視していく点も際立っています。

私も実際に、オランダまで出向いてこの手法を習得してきたのですが、その中で印象に残っている言葉のひとつに「First Shitty Draft」というものがあります。これを日本語で表現すると**「最初のアイデアは精度が低くて当たり前」**というニュアンスになります。

限られた時間で、少数あるいはひとりで思考して紡ぎ出したアイデアや計画は、いわゆる「粗っぽい叩き台」でしかなく、精度は低いと言わざるを得ません。その粗っぽい叩き台を精査することに時間をかけるのではなく、**試せる状態までざっと仕上げて、なるべく早く市場に投入してみる、というのが大きな方針**です。

これは「クイック・プロトタイピング」とも言われていますが、要するに「考えてる暇があったら、まずやってみよう」ということです。

また、デザインシンキングでは**「量が質を生む」**という言葉を大切にしています。

つまり、質を高めたければ量を担保しなさい、ということです。

どんどんアイデアを出して、それを試せる最低限の状態まで仕上げて、まず試してみる。

その結果がよければ、そのまま続ければいいし、悪ければ改善点を分析し、修正をかけていくことで成果に繋げる。

そんな考え方が、昨今の変化のスピードが速い社会情勢にも適していると思っています。

私はこの手法に出会って以来、**上司と部下のコミュニケーションにも同じような考え方を当てはめることができるのではないか**と考え、研究を続けてきました。その結果、私の中でのひとつの答えとして生まれたモデル（様式）がありますので、次に説明していきます。

思考を広げて対話モデルのＴＷＩＳＴを実践する

デザインシンキングの考え方を取り入れた対話モデルとして、独自に私が開発した

対話モデルのTWIST（ツイスト）

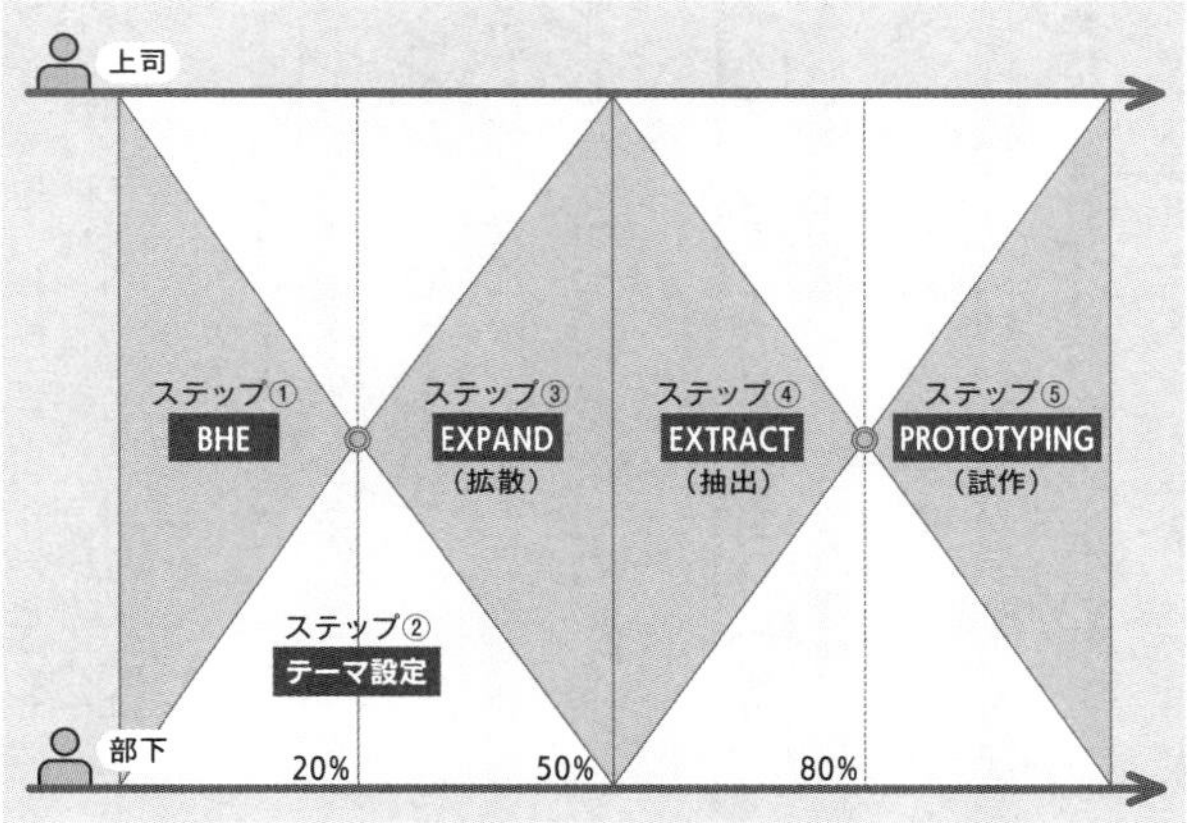

のが「TWIST」モデルです。この名前は英語の「Twist（ねじる）」からとったもので、会話全体の流れを図示すると、包み紙でキャンディーを包むような形になります（上の図参照）。

この「TWIST」モデルは今回のようなケース以外にも、上司が部下と対話をするさまざまなシーンで活用できます。ここでは具体的にどんな流れで会話を展開させていくとよいのか、5つのステップで紹介しますので、ぜひ学んで活用してください。

ステップ① BHE

「Be Heard Experience（聞いてもらう体験）」の略です。文字通り、部下の話をひたすら聞く段階です。承認と傾聴のスキルを総動員して、部下に「言い切る」体験をしてもらいます。1on1では、傾聴に集中すべき最初の時間がまさにこの段階です。

ステップ② **テーマ設定**

BHEでの言い切り体験を通して、部下は今の自分にとって一番のテーマ（課題）が何かが見えてきます。そこで、「ではそれを、解決すべきテーマにしましょう」と上司と部下で互いに確認する段階です。このとき、確認・合意した課題をきちんと言語化して、まとめておくことが大切です。

ステップ③ **EXPAND（拡散）**

テーマを確認したら、その課題が解決したらどんなことが起こるか、そして、その解決のためにどんな選択肢があるのかについて、部下に考えてもらいます。このとき、上司は承認や傾聴、質問のスキルを使って、部下の思考がどんどん広がっていくこと（拡散）をサポートしていきます。

ステップ④ EXTRACT（抽出）

「拡散」のステップで広がったアイデアの中から「実現可能で、もっとも効果が見込める選択肢」を抽出していきます。

このとき注意したいのは、選択肢を選ぶのは「部下」の役割であり、上司はその決定に極力介入しないという方針です。ここまで話してきたことで、部下が自力で最善の方法を選べると信じて任せていきます。

倫理的に明らかにおかしいことや、法を犯す可能性、会社に多大な迷惑をかける可能性などがない場合は、部下の選んだ選択肢を尊重してみることをおすすめします。

ステップ⑤ PROTOTYPING（試作）

ここでの上司の役割は、部下が選んだ選択肢を実際の「行動」として実行できるように管理することです。「実際に着手するためには、どんなことが必要か」「最初の一歩としてやりたいことは何か」といった問いかけをしながら、部下が成功体験を積めるように後方支援していきます。

ＴＷＩＳＴを活用した対話を繰り返すことで、部下の小さな成功体験を増やしていく。

そして、この小さな成功体験の積み上げが、最終的な部下の成長に繋がり、あなたの後任としてふさわしいレベルになることを目指しましょう。

なお、このＴＷＩＳＴは第1章の3で述べた1on1ミーティングでも使えます。

こうしたひな型があると、対話もしやすくなりますので、ぜひ活用してください。

第2章

部下に伝わらない……に効く！

部下の仕事力を上げる会話

POINT 1

やる気スイッチを押す

≫部下の「鼻先のにんじん」を見つける方法

部下が仕事を覚えない……。そんな悩みを抱える上司も多いようです。

ひと昔前の上司は部下にモノを教えるとき、「一度しか言わないから、よく聞いておけ!」というセリフをよく言ったものです。あなたはそんな上司に鍛えられたかもしれませんが、今の部下にそんなセリフを吐こうものなら、反感しか買わないでしょう。

極めて優秀な人は別として、たいていの場合、人間は一度で仕事を覚えられないものです。みなさんもご自分の新人時代を思い出してみてください。

そもそも人間は忘れる動物です。19世紀のドイツの心理学者、エビングハウスが示した有名なエビングハウスの忘却曲線によれば、私たちは覚えたことを20分後には42パーセント、1時間後には56パーセント、1日後に74パーセント忘却するそうです。

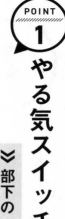

つまり、あることを教えられても、復習等をしないと翌日には8割近く忘れている可能性が高いのです。

この忘却曲線によれば「一度で覚えろ」というのは、人間の記憶の限界を無視した理不尽な発言なのです。ところが、少なくない上司はそれが口グセになっていて、一度で覚えない部下に向かって「お前は真剣さが足りない」などと口走ってしまいます。

その点、ジムのパーソナルトレーナーの方々は、**人間の記憶の限界**をよく理解しているなと思います。例えば、あなたが専属のパーソナルトレーナーについてもらってトレーニングを始めたとします。毎回のトレーニングでさまざまなエクササイズを行いますが、中には細かい動作についてなかなか覚えられないものもあるでしょう。

そんなとき、パーソナルトレーナーはあなたに対して、「○○さん、これは前にもやりましたよ。まだ覚えていないんですか？」と言うでしょうか？　よほどスパルタを売りにしているトレーナーでない限り、そんな言い方はしないでしょう。

嫌な顔ひとつせず、「すいません、○○さん。これは前も言ったかもしれないですけど、私の伝え方が悪かったかもしれません。もう1回、説明させてくださいね」とでも言って、繰り返し教えてくれるはずです。

部下に教えるときの上司のとるべきスタンスは、これだと私は考えています。ただ、「パーソナルトレーナーはお客様からお金をもらっている。上司と部下の関係と一緒にできないのでは」という意見もあることでしょう。一面の真理はついていますね。

例えば上司と部下の関係が一年にも満たない短い期間に限られていて、部下にはとにかく目の前の仕事をこなしてもらいたいだけなら、こうした関わり方は不要でしょう。しかし、**中長期的に「戦力」として成長を期待している部下に対しては、パーソナルトレーナー的な関わり方をしながら、手間と労力と時間を使って育てることが必要です。**そしてそれは、上司の大切な業務のひとつでもあるのです。

部下のスイッチを入れるのは上司の仕事

一方で、「部下が仕事を覚えない」という現象には現実的な対処が必要です。

たいていの人間が「一度では覚えない」のも事実ですが、「何回か教えれば覚える」のも事実ですね。つまり「何度、説明しても覚えない」というのは、裏を返せばその部下の仕事に対する**「やる気スイッチ」が入っていない**ともいえるのです。

部下のスイッチを入れるのは、明らかに上司の仕事です。

「やる気スイッチは自分で入れるものだ」と考え、「自分自身もそうしてきた」という自負のある上司も多いことでしょう。しかし、ここで立ち止まってよく考えてみてください。あなたは自分自身でスイッチを入れることができたからこそ、上司というポジションを任されるに至ったのです。一方、世の中の少なからずの人は、自分ではなかなか自分のスイッチを入れられないという現実もおさえておきましょう。誰かの力を必要としている人がいて、その力を発揮できるのは職場であれば上司なのです。

このことは、今も昔も変わりません。上司が部下のスイッチを入れてあげる。ただ、ひと昔前の方が部下のスイッチは今より入れやすかったかもしれません。

昔は「マイホーム」や「マイカー」といったわかりやすい物質的な「鼻先のニンジン」が存在したからです。それらを「出世」や「昇給」という経済的豊かさの指標にリンクさせれば、部下のスイッチを入れることができました。

あるいは、好ましいことではありませんが、威圧的な言動によって無理やりスイッチを入れることもありました。

ところが、価値観が多様化する現在、かつての「鼻先のニンジン」がそれほど「ご褒美」としての機能を果たさなくなっています。「家は賃貸で十分じゃないですか？買うことの経済的合理性がわかりません」「昇進に何の意味があるんですか？」「出世には興味がないので」なんて考え方をする世代が職場に増えています。そもそも、「今の会社にずっといるわけではない」というスタンスの働き手も少なくありません。また、威圧的な言動を用いると、部下のスイッチを入れるどころか、パワハラで訴えられる社会になりました。

それでは、上司はどうやって部下のやる気スイッチを入れていくべきでしょうか。

その答えは、**部下一人ひとりにとって何が「鼻先のニンジン」になっているかを探っていく**ことです。

そのために欠かせないのが、普段からの部下との対話です。ただし、単に話せばいいわけではありません。第1章の４で紹介した「ダークな好奇心」の出番です。「どう思う？」「どうしたい？」など、できるだけ相手の感情や心情を理解することに努めましょう。そして、価値観が多様化する中で相手がどの価値を重視しているかについて理解を深めていくことです。部下にとって意味のある「ニンジン」を見つけ出して共有することが、部下のやる気スイッチを入れることに繋がります。

その一方で、「何度、説明しても覚えない」という現象を別の観点から捉えるなら、上司は自分の教え方についても見直す必要があるでしょう。**自分の説明の仕方に問題があって、部下が仕事を覚えられない可能性もある**からです。

意外なことに、上司になる人の中には、部下に教えることや丁寧に説明することが下手な人がかなりいます。私がコーチングしている上司でも「そんな面倒くさい説明をするくらいなら、自分でやっちゃった方が早いです」と豪語する人も多く、「できる上司」は、部下に説明する時間があるなら自分でガンガン動く傾向が強いようです。

しかし、上司に求められるのは一個人として仕事を推進する能力だけでなく、**組織としての成果を上げるために、部下が動きやすい仕組みをつくること**です。

そして、その仕組みづくりに欠かせないのが部下との信頼関係です。

わかりやすい「鼻先のニンジン」が不在の現代、「信頼」は部下の行動を促す原動力にもなります。

多少、手間はかかっても部下との信頼関係をつくり、「やる気スイッチ」を探り当てて入れていく。こうした地道な積み重ねが何より大切なのです。

POINT 2

確認して、合意する

部下が指示を守るようになる会話

「この前の会議で、部下に明確な指示を出して仕事を任せたのですが、期限までにやってきませんでした。実は、他の部下でも同じことがときどき起こっています。もしかすると、私の指示の仕方に何か問題があるのでは……と悩んでいます」

上司からこうした悩みを打ち明けられることがしばしばあります。

そんなとき、私は上司に「そこで何が起きていると思いますか？」と聞くようにしています。この質問をする理由は、上司にさまざまな視点からそこで起きていることを客観的に観察してもらうためです。

あなたの指示は、本当に部下にとって「明確」だったでしょうか？

部下はあなたの指示の内容をどのように理解し、解釈したのでしょうか？

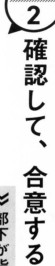

部下が期限までにやらなかった、あるいはやれなかったのは、なぜでしょうか？

例えば、**自分が出したのは「明確な指示」だと思っていても、厳しい言い方をすれば、「そうあなたが思い込んでいるだけ」ということもあり得ます。**部下たちが陰では「○○さんの指示って雑だよね。それなのに、ちゃんとできないとムッとされるし……」とグチをこぼしているかもしれません。

例えば、家庭でのこんなやりとり。料理をしている妻から、「牛乳が足りないから、買ってきてくれる？」と夫が頼まれました。そこで夫は近所のスーパーまでひとっ走り。妻に「牛乳、買ってきたよ！」と手渡します。感謝されると思いきや、妻からは「うちでいつも飲んでいるのはM社のじゃなくて、G社のでしょう！」と文句を言われてビックリ。

「だったら、最初に言ってくれればいいじゃないか！」と反論する夫に、妻はすかさず「さっき、言ったわよ。あなたが聞いてなかったんでしょ！」。

実際、妻は牛乳の銘柄は言っていません。しかし本人は言ったつもりです。これと似たことは、上司と部下との間でも起こります。上司は明確かつ丁寧に指示を出したつもりでも、部下にとっては、**モレのある曖昧な指示**になっているということが起きがちです。

逆に、あなたの指示が適切でも、部下が「覚えていない」ケースもあります。

ある調査のデータでは、話し手の発話量を100としたとき、聞き手はそのうちの25パーセント程度しか記憶していないという結果が出たそうです。つまり、こちらが言った言葉の75パーセントは聞き手の頭に残っていないのです。


私自身、セミナーで講師をしていても、このことを実感します。

例えば、セミナーで受講生のみなさんに「これから2分間、2人組でペアを作って、会話をしてください。話すテーマは○○です。その中で本日学んだ□□というスキルを使ってください。わかりましたか?」と指示を出します。

受講生のみなさんからは、「はい!」という明るいお返事。その返事に安心して、「では、始めてください」とお願いすると、数人の受講生から「林さん、何やるんでしたっけ?」という質問が飛び出します。

残念な事実ではありますが、「私の指示の仕方が悪かったのかな……」と落ち込むよりも、「人は相手の発言の25パーセント程度しか覚えていないのだから、もう一度丁寧に伝えよう」と、この現実を冷静に受け入れた方が賢明です。

◆「確認と合意」のひと手間を欠かさない

それでは、部下に指示通り動いてもらうにはどうすればいいでしょうか？

私がおすすめしているのは、**『確認』のひと手間を入れる**」こと。指示を出したらその内容が相手に明確に伝わり、理解されているのかを確認する工程を入れるのです。

そのとき、活用したいコーチングのスキルが「復唱」です。復唱とは、相手の言った言葉や内容を繰り返す、という方法でした。

例えば部下に指示を出した後に、「今、指示したことだけど、確認のために復唱してもらえる？」「来週の水曜日の会議までに何をしておくんだっけ？」と部下に投げかけて、部下にこちらの言った内容を復唱してもらいます。

復唱してもらうと、相手の理解度がわかります。万が一、相手の理解がこちらの意図とズレていたら、「そうじゃなくて、お願いしたいのはこれだよ」と具体的に訂正します。そうした作業から、お互いの間で**「何をするのか」の合意をとっていく**のです。

私自身も、セミナー等で受講者のみなさんにワークショップをお願いする場合、この「復唱してもらう」を必ず入れるようにしています。例えば、こんな感じです。

私　「今、たくさんの内容をお話ししたのですが、みなさん、すべて理解してくださっていますか？　ちょっと教えてください。このワークは何分でやるんでしたっけ？」
受講生「2分です」
私　「何をテーマに話すんでしたっけ？」
受講生「〇〇です」
私　「どのスキルを使うんでしたっけ？」
受講生「□□です」
私　「大丈夫ですね！　確認したいことがあったら、今教えてください。ないようでしたら、始めてください」

「適切な指示を出してくれる上司」という評価を、ぜひ手に入れてください。

POINT 3

「2種類の質問」を使い分ける

部下の意見を本気で聞き出す会話

コミュニケーション・スキルのひとつとして、「質問力」に注目が集まっています。私のコーチングセッションでも、「質問」に対する関心の強さを感じます。

部下の意見を引き出したくて、「質問」についてのビジネス書を読んで実践してみるものの、期待したほど部下は話してくれない。そんな悩みを抱える上司も少なくないようです。

何が問題なのでしょう?

上司が陥りやすいのが、「質問攻め」です。 質問すればいいとばかりに、「あの仕事、進捗は順調?」「今月のノルマは達成できそうか?」などと、矢継ぎ早に自分の知りたいことを部下に質問します。その結果、部下は上司からの質問に恐怖感を抱き、次第に口数が少なくなっていく。そんな経験は誰にでもあるのではないでしょうか。

質問には主に、**「クローズド・クエスチョン」と「オープン・クエスチョン」**の2種類があります。簡単に解説すると、クローズド・クエスチョンとは「『はい』か『いいえ』」の二択など、相手が答えられる範囲を限定した質問です。例えば「コーヒーを飲みますか？」とか「会議室にします？　オープンスペースにします？」などです。

一方のオープン・クエスチョンとは、答えの範囲に限定を設けず、相手に自由に答えてもらいます。例えば「新製品のネーミングについての印象を聞かせてください」とか「月次予算を達成するために、どんな施策が必要だと思いますか？」などです。

クローズド・クエスチョンを使うメリットは2つあります。必要な情報を短時間で得られ、選択肢を与えることで回答する側の負荷を軽くできることです。

しかし、クローズド・クエスチョンを多用すると質問攻めになります。準備した「質問リスト」に沿ってひたすら質問をし、部下には〇×で回答してもらうイメージです。「はい・いいえ」で答える質問だけだと、部下は自分の意見を述べる機会がありません。自分の意見を表明しなくていいのでラクでもあります。「部下に質問をしても、何も話してくれない……」と悩む上司は、部下への関わり方にも原因があるのです。

◆部下の意見を聞きたいとき

部下の意見を聞きながら対話を進めたいなら、オープン・クエスチョンを使うべきです。**「どう思う？」「どうしたい？」「どう感じた？」「なんでそう思うの？」「Aを選んだ理由を教えて」というように、部下の考えや意向、感情、気持ちを聞くことができる**からです。

私はコーチングセッションや研修の際、受講者の方に日常で使っているクローズド・クエスチョンとオープン・クエスチョンの比率についてお聞きしています。その結果は「クローズド・クエスチョンの方を多く使っている」というのが、大半の答えです。クローズド・クエスチョンに慣れているせいで、オープン・クエスチョンの質問がしにくいという方もいます。そこで、ちょっとしたコツをお伝えしましょう。

クローズド・クエスチョンの多くは、オープン・クエスチョンに変換できます。**「頭に浮かんだクローズド・クエスチョンを、発言する前に頭の中でオープン・クエスチョンに置き換える」**という練習を続けてみてください。

例えば、「本当にそれでいいの？」なら「それでいいと思う理由を教えて」、「どっちがいいと思う？」なら「他にも選択肢はある？」という具合です。

練習を繰り返すと、徐々にオープン・クエスチョンが頭に浮かぶようになります。


とは言え、オープン・クエスチョンを使っても、表面的な話に終始し、部下がなかなか本音まで語ってくれないこともあるでしょう。

そんな壁にぶつかったとき、今一度、考えてもらいたいことがあります。それは、そもそも「何のために部下に質問するのか？」ということです。

その質問の目的が、上司であるあなたの利益のためで、あなたが聞きたいことだけを聞いているようなら、部下は本音を語ってくれないかもしれません。

改めてお聞きしますが、上司と部下の関係においてなぜ質問が重要なのでしょうか。その理由は、部下の思考を深め、広げていくのに質問が有効だからです。部下があなたの質問に対して「自分のために、わざわざ質問してくれているんだな」と感じると、次第に本音を語ってくれるようになります。

このように、**部下からの意見を本気で引き出したいのなら、「自分のため」ではな**

く、**「相手のため」という視点が不可欠です。**「部下の成長に繋げるためには、何を質問するといいのか」。こうした視点を持って質問の内容を検討すべきです。

また、部下に「もっと話してもらいたい」と思うのならば、相手の話に対する**「好奇心」と「承認」**を忘れてはいけません。

自分の話を「それってなに？」と好奇心を持って聞いてもらえると、人はどんどん話したくなるものです。それは職場の部下でも同じこと。好奇心なんて持てないというのなら、どんなに質問のテクニックを駆使しても相手の心には響きません。

部下の言葉は、毎回同じように聞こえるかもしれません。しかし、同じ会話はひとつとして存在しません。その**些細な違いに好奇心を向けられるかが勝負**なのです。

好奇心に加えて、相手の話を承認する姿勢も大切です。**「聞いているよ」「理解しているよ」ということを、言葉や態度で相手に伝わるように示していく。**無反応や否定、ダメ出しのスタンスでは、相手の話す気持ちを萎えさせるだけです。

このように、オープン・クエスチョンに「好奇心」と「承認」をプラスすることで、相手の意見を引き出しやすくなることを覚えておいてください。

POINT 4

内面を観察する

自分の感情を観察する方法

自分が管轄するチーム内では、業務は滞りなくまわっていて一定の成果も出ている。ただ、上司である自分とチーム内の部下との人間関係の繋がりが、どうも弱く感じる。部下と対話する機会があっても、話しかけるのはいつも自分の方からで、それに対する部下の反応もイマイチ。**自分がすごく空回りしている気がする。**

このように、チーム内の空気に「空回り感」を察知した上司ほど、「なんとかしなければ」と奔走しがちです。コミュニケーション改善のヒントを求めてセミナーに参加したり、部下のモチベーションアップについて書かれた本を読んだり……。しかし、付け焼刃のテクニックを実践したところで、失礼ながら根本的な解決には至らず、状況は変わりません。

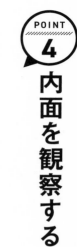

「上司である自分だけが空回りしている気がする」。そう感じるときの私の処方箋をお伝えしましょう。それは**積極的に「何もしない」のが一番**というものです。

ただし、「そのまま放置しましょう」とすすめているのではありません。あなたは上司として、チーム全体で成果を出すために全速力で走り続けてきました。これを機に一度立ち止まってください。そして、**冷静な目で現在、チームで何が起きているのかを「観察」してみませんか、**というのが私の提案です。この「観察」は状況を打開する強力な一歩です。

それでは、観察の具体的な内容を説明しましょう。

観察の対象として、大きく2つのものに注目します。ひとつめは**「自分の内面」**です。今、自分の中で**「どのような感情」がわき上がっているのか。**また、**「どのような欲求」があって、「何をしたい」と考えているか**などを観察していきます。

仕事ができるビジネスパーソンほど、自分の感情を隠し、何事もなかったかのようにふるまうのが上手です。ビジネスシーンでは「自分の感情を表に出さない」ことが求められるため、仕事における自分の感情に目を向けない傾向が強いのです。

そのため、自分の感情を理解して上手に活用していくという第1章の6でふれた「EQ」のスキルを活用できずにいる人がとても多いのです。部下との信頼関係がなかなか深まらず、チーム内で自分が空回りしているように感じる一因は、ここにあります。

今の時代、結果を出せるチームであり続けるには上司・部下間の信頼関係づくりは必須です。したがって、上司にとってEQのスキルを磨いていくことは不可欠です。その最初のステップこそが、「自分の内面」の観察なのです。

自分を観察できると、他者の感情も推測しやすくなる

自分の感情を観察することに慣れてくると、自然と「他者の感情」にも意識が向くようになります。その結果、ある状況下でその人が何を感じているのか、自分の言葉や行動が相手にどんな感情を引き起こしているか、ある程度なら推測できるようになります。すると、周囲への対応の仕方にも変化が生まれます。

ある上司は自分の中に怒りの感情があっても、気づかないフリをしていました。そのせいか、自分では無意識に部下に冷たく当たっていたといいます。

ところが、自分の感情を観察し始めると部下への対応が変わりました。例えば、部下に対して怒りの感情があっても「この感情をそのまま伝えれば、部下を萎縮させる。

部下がより受け止めやすい言葉に変えられないだろうか」と知恵を絞るようになったのです。また、「今、怒りの感情を数値化すると8くらいだな。これが2に下がるまで、コーヒーでも飲んで落ち着くか……」といった冷静な判断ができるようになりました。

日々の部下とのやりとりでも、その時々の相手の感情を想像するようになりました。「相手はきっとこんな気持ちだろうから、こういう言葉をかけよう」「こんな態度で接しよう」と発想と行動を変えると、以前と比べて、部下の反応がよくなったそうです。

一旦、立ち止まると見えてくる

もうひとつの観察対象は、「今、自分の周囲で起きていること」です。自分のチームを客観的に見て、現在どのような状態なのかを観察しましょう。

この場合、次の3つを自問自答すると、客観的な観察がしやすくなります。

①チームとして、何がうまくいっているのか？

②チームがよりよくなるために、何が必要か？

③①と②の考察から気づくことは何か？

①について、「チーム内で空回りしている」とはいっても、その中で「うまくいっていること」もあるはずです。まずそれを洗い出しましょう。どんな小さなことでも構いません。「ここはうまくいっているんじゃないか」という点をどんどん挙げましょう。

一方、「チームがもっとよくなる」ために、何が必要なのかも検討します。これが②です。最後の③で、①と②を考えていく中で、気づいたことを明らかにしていきます。

この3つの自問自答は、私自身がコーチングのセッションでお客様に問いかけているものと同じで、相手に自分の現状を客観的に観察してもらい、今後、各自が取り組むべき課題に気づいてもらうのが狙いです。

悩みがあると、「すべてがダメだ。うまくいかない」と全否定してしまいがちですが、3つの自問自答で、うまくいっている部分があることに気づけます。うまくいっている部分を明確にしたうえで、改善すべき点を探り、取り組むべき対策を具体化します。

あせらずに、立ち止まる。遠回りのようで状況を打開する最短かつ最善の方法です。

POINT 5

「行動しない勇気」を持つ

≫ネガティブな部下に対処する方法

「おっしゃる意味がわかりません」「何が言いたいのですか？」

部下に限らずとも相手からこんな言葉を返されると、いい気がしませんよね。自分が非難されているようで、相手に対するネガティブな感情が生まれるのも無理はありません。

「昭和時代の上司」なら、わき上がる怒りの感情をそのままぶつける……という選択肢もあったかもしれません。しかし昨今の職場環境ではパワハラ防止の意識が浸透し、怒りなどの強い感情をそのまま部下にぶつけることは、ご法度です。

もし上司のあなたが部下からこんな発言をされたら、どんな対応をしますか？

よくあるのが「もう1回言うから、よく聞いてね」「今、私の言った内容の要点はね……」などと、相手の言葉を表面的に捉えて返答するというものです。この対応は「相手の問いかけに返答」はしていますが、私からすると若干短絡的な働きかけのように思えます。というのも、「部下との信頼関係をつくる」という観点からは、相手の問いかけに返答することは、実は何の問題解決にもなっていないからです。部下は本当に、あなたの発言の意味を確認したくてその言葉を発しているのでしょうか？

一度、考えてみてください。

例えば、部下がこの言葉を放った理由は、**あなたの過去の発言に対して、感情を害したからかもしれません。**あなたがどこかのタイミングで発言した内容に部下が反感を持ち、その感情を自分で処理できず、怒りの矛先をぶつけるタイミングを探っていた、という可能性もあるでしょう。もし、部下の中でそんなことが起きていたなら「相手の問いかけに返答する」対応では解決に繋がりません。相手の感情をしっかり理解し、その感情を受け止める方向で対話を組み立ててこそ、初めて関係性が向上します。

あなたがその部下との間に「信頼関係をつくりたい」と考えるならば、相手のあらゆる感情を受け止めることがその糸口になります。そのうえで、両者がよりよい関係を築けるように対話をしていくことが大切だと私は考えています。

このようなときの対処法として私のおすすめは、「相手の真意を理解すること」です。

とは言え、実際、忙しいスケジュールの合間を縫って部下の話を聞こうとした矢先、こんな言葉が部下から飛び出したら、「部下の発言の真意を探ろう」という気持ちにはなりにくいと思います。そこで私からの提案です。こうした状況に遭遇した場合、相手の真意を理解するために、次の2つのステップを踏んでみましょう。

ステップ①　反応を先送りする

ステップ②　自分の感情を観察する

①の「反応を先送りする」では、部下に対して次のような言葉を使ってみましょう。

・「ああ、そうか。言っている意味がわからないんだね」と、「復唱する」
・「そうなんだね」「そういうこともあるよね」と、とりあえず「受け止める」
・「というと?」「それで」「もうちょっと教えて」と、「合いの手」を入れて、さらに相手の言葉を引き出す言葉のリストとしては一見なんでもないのですが、これを部下に対して瞬間的に使えるかどうかは別問題です。上司が意識して取り組むべき課題のひとつといえます。

この課題をクリアするために必要な能力は、やや専門的な解説になりますが、相手の発言に対して、自分の中で「自動反応」と呼ばれる微細な感情が生まれたその瞬間を捉え、その**感情レベルを能動的に下げる、**というものです。

嚙みくだいて言えば、荒っぽい感情をぶつけそうになる衝動を抑えて、ひと呼吸置く能力といえるでしょう。イメージとしては、相手の発言によって生じた自分の中の感情のレベルが、例えば8くらいだったとして、その感情を1とか2のレベルにまで下げて、できるだけニュートラルな感情の状態にする、というものです。

感情は、怒りであれ喜びであれ悲しみであれ、その感情が生まれてから1時間も2時間も同じ状態が続くわけではありません。感情は刻々と変化していきます。日々の経験を通して、自分の感情の移り変わりを継続的に観察し、感情への理解を深めてください。

あなたは今、何を感じていますか？　その感情の強さは10が一番強く、0が一番弱いとすると何点ぐらいですか？　そして、それはなぜでしょうか？

ここで本書を読み進めるのを一旦止めて、ぜひ私の問いかけに答えてみてください。

このような問いかけを自分の中で継続していくことが、ひとつの訓練になります。

ところで、あなたが「自動反応」しそうになったとき、なぜ反応を先送りした方がいいのでしょうか？　その理由は、**自動反応を起こしているあなたは、「意思決定をする状態として不適切である」と考えられる**からです。

EQを提唱した心理学者ダニエル・ゴールマンの研究によると、私たちは非常にストレスの高い状況にさらされたとき、独自の行動をとる傾向が見られるとされ、熟慮的思考や学習したことに代わり、必ずしも理性的ではなく本能的な反応をするとしています。

つまり、ストレスにさらされた状態では、客観性の高い適切な意思決定ができない可能性が高いので、重要な意思決定は先送りすべきだ、ということを示唆しています。

あなた自身も感情に任せて判断してしまった結果、冷静なときの自分だったら決してしないような言動や選択をしてしまい、後から強く後悔する、という経験はあるのではないでしょうか。こうした事態を避けるため、自動反応している自分にいち早く気づき、自身をより冷静な状態に戻していく努力が必要になるのです。

ビジネスでは、一般に「すぐに行動すること」が最善とされます。しかし、**「行動しないこと」も能動的な選択のひとつである**ことを覚えておきましょう。

自分の感情を冷静に観察し、冷静な選択と意思決定を経て行動に移すことが大切です。

◆相手には相手の言い分がある

「反応を先送りにする」と「自分の感情を観察する」という2つのプロセスをたどると、あなたは「今、起こっていること」を冷静な目で見られるようになります。

その状態まで到達したら、次に考えたいのが**「相手の真意を理解する」**ことです。

あなたが目の前で起きている出来事を冷静に観察できるようになると、「相手は、この言葉で私に何を伝えようとしているんだろう」という、相手への好奇心が自然とわいてきます。例えば、先ほど例に挙げた状況でも「もしかしたら、部下には本当に言いたいことが別にあったのではないか？」といった、より深い洞察ができるようになるのです。

このように、相手の中で起きている事柄に目を向けることができれば、あなたの対応にも変化が生まれますし、相手との関係性も大きく変わるきっかけになります。相手の中で起きているであろう感情や思考、つまり「相手の真意」を想像し、真意を理解しようと努めることこそ、部下との関係性を深め、協働関係を作る基礎になるのです。

「自分の思い込み」で判断してしまわないことの大切さを、ご理解いただけましたでしょうか。自分の意見を押し通すことや、都合よく場を収めることではなく、**「相手目線」で相手の真意を探っていくスタンス**が大切です。あなたにはあなたの感情や思考、主張があるように、部下にも部下の感情や思考、主張があります。それならば「部下の主張」にしっかり意識を向けて、相手の真意を探っていくのが大切だと私は思うのです。

これを意識するために私がおすすめしているのが、テレビでよくある再現ドラマをイメージすることです。例えば夫婦の会話の再現ドラマであれば、二人の間で起こった出来事を再現する、いわゆる「本編」の映像が流れる過程で、ときどき、ご主人の言い分や奥様の本音などのインタビューの「差し込み」が挿入されることがありますよね。こういった構成があることで、妻の本音、夫の本音が明らかにされ、見ている側は両者の言い分を俯瞰するように知ることができます。

これをあなたと部下との会話にも応用して、再現ドラマ仕立てにしてみるのはいかがでしょうか。例えば、「おっしゃる意味がわかりません」と部下が言ったとき、部下は何を感じていたのか？　あなたがインタビュアーとなって部下にその質問をぶつけたら、部下はどう答えるか。あなたなら、どんな構成やセリフでその再現ドラマを創作するでしょうか。

部下が本当に伝えたかった「真意」を理解できれば、部下とのコミュニケーションに大きな変化を起こすことができますので、トライしてみることをおすすめします。

POINT 6

「役割の帽子」をかぶる

部下に「自分の役割」を伝える会話

仕事の場を離れた雑談になると、今ハマっているテレビドラマのこと、学生時代の友人たちと飲んだ話、ランチの穴場、家族の笑える話など、上司である自分に対して部下がざっくばらんに話してくれる。

ところが、仕事にからんだ話題になるや、「順調にいっている？」「何か問題ない？」と聞いても「大丈夫です」「特にないです」などとそっけない対応に一変してしまい、こちらが期待するような発言をしてくれない。

上司へのコーチングをしていると、「仕事以外と仕事とで、部下の態度が大きく異なる」ことで悩んでいる人が意外と多いことに気づかされます。

なぜ部下は仕事と仕事以外とで、上司であるあなたへの対応をがらりと変えるのでしょうか。上司のみなさんからいろいろお話を聞く中で、私自身、気がついたことがあります。

それは、少し厳しい言い方になってしまいますが、こうした悩みを抱える上司のみなさんの場合、**「上司」という役割になり切れていない**ケースが多い、ということです。

つまり、「上司」なのか「仲間」なのかの境界線を曖昧にしたまま、部下たちと関わっていることが多いのです。実際、こうした悩みは、上司になりたての人に多く見られます。自分の中でも、慣れない「上司」という立場に、どうふるまえばいいのかを悩みながら部下たちと関わっているため、こうした現象が起きてしまうのです。

◆関係性に合わせて、かぶる「帽子」を変えていく

私たちは日々の生活の中で、さまざまな役割を演じています。

例えば、家庭では、「夫」「父親」「義理の息子」、「妻」「母親」など、相手との関係性によってひとりが複数の役割を持っています。会社でも同じです。「一般社員」に

対して「管理職」、「管理職」の中でも「部長」「課長」「主任」、入社年次なら「先輩」「後輩」、同期に対しては「ライバル」「仲間」という役割もあるかもしれません。

そして、それぞれの関係を円滑に機能させるには、そこで求められる役割をきちんと果たしていくことが欠かせません。これを私は「それぞれの状況に合わせて『帽子』をかぶり変えていく」と表現しています。つまり、先輩という「帽子」、仲間という「帽子」を、それぞれが求められる場でしっかりかぶっていく。

上司になると、今度は上司という「帽子」が増えます。同じ上司でも、帽子の機能はひとつではありません。「会社の代弁者」「指示・命令を出す人」「評価する人」「相談相手」など、いくつかに細分化されます。上司としてあなたが担っている役割の数だけ、帽子も存在すると考えてください。

上司になったら、まずこの事実を明確に意識することが非常に重要です。

そして、相手との関係性や状況に合わせて帽子をかぶり変えるだけでなく、それを周囲の人たちに言葉にして伝える努力も同じように重要です。

つまり、**「今、私はこういう『帽子』をかぶっていて、その『帽子』の立場から話をしています」**ということを、しっかりと相手に伝えていくのです。

これを私は**「実況中継のテクニック」**と呼んでいます。

例えば、チームを率いる立場になれば、ときに厳しいことも言わなければなりません。そんなとき、「今、自分は『会社の代弁者』として、会社はみなさんに○○を求めているということを伝えるね」と役割を明らかにして実況中継をする。すると聞く側も、「会社が決定したことを伝えようとしているんだ」と、理解をしようという心構えができます。

一方、共感を生み、仲間意識を醸成したい場面では、「今、自分は『一緒に働いている仲間』として話すけど」と実況中継すれば、同じ立場に立った発言であることが理解され、部下はより親近感を持って話を聞くことでしょう。

この「かぶる帽子を変えて、それを実況中継する」という方法は、上司向けの研修等でもお話をさせていただきますが、「これを知って、気持ちが楽になった」という感想をたくさんいただきます。

「部下たちとは、いい関係を築きたい。しかし会社側の人間として、ときには部下たちにとって耳の痛いことも言わなければならない」

会社と部下との板挟みの状態に苦しんでいる上司のみなさんが、たくさんいらっしゃることを痛感します。

「そんな役割なんて、わざわざ口にしなくてもわかるだろう」とショートカットしないで、丁寧に言葉で伝えてください。

短い言葉であっても、**部下に自分の役割を伝えるという時間と労力の投資ができれば、あなたと部下の関係性は必ず向上します。**

かぶる帽子を変えると、相手の反応が変わる

実はこの「かぶる帽子を変える」方法は、私自身、セミナーや研修等で講師をしているときの体験を通してひらめいたものでした。

研修等では、休憩時間やランチの折に、講師の私も受講生のみなさんの輪に入って、いろいろな雑談をさせていただくことがあります。

そんなカジュアルな雰囲気の中だと、受講生のみなさんから、セミナーの内容への率直な感想やセミナーに参加した理由、現在抱えている悩みなど、いろいろなトピッ

クについて伺うことができます。また、私に対しても、プライベートに関することも含めて、興味津々でさまざまな質問をしてくれることもあります。

私としても、「おっ！　みなさんといい関係がだいぶ築けてきたぞ。この後の研修は、もっとアットホームな雰囲気でできるかもしれない」と期待が膨らみます。しかし、いざ研修が再開してみると、みなさんの反応がいまいちなのです。

「みなさん、これって何だと思いますか？」「これを聞いて、どう感じますか？」などといろいろ問いかけても、受講生のみなさんはシーンと静かなまま。「あれ？　ランチのときは、あんなに盛り上がっていたのに、どうなっているんだ」と私は途方に暮れるばかり……。

お恥ずかしながら、こうした経験を何度もしました。そこで「なぜ、この現象が起きるのか」をいろいろ探って気づいたのが、この「かぶる『帽子』を変える」の考え方です。

つまり、私自身がどの立場、つまりどの「帽子」をかぶって発言しているのかを明らかにしなかったため、受講生としては「カジュアルな仲間」としての発言なのか、「先生」としての発言なのかがつかめず、対応に困っていたということに気がついたのです。

その気づきから、私自身の対応を変えることにしました。

研修の中でも、専門的な内容を伝える「先生」という帽子をかぶることもあれば、研修をスムーズに進める「進行役」という帽子をかぶることもある。受講者と同じ目線で物事を考えて発言する「受講者の代弁者」という帽子をかぶっているときもある。そんな具合に自分のかぶる帽子を適宜選んで、かつそれを受講生のみなさんにも伝えるように変えたのです。

「今、これからお話しすることは、上司のみなさんにぜひ学んでほしい内容です。私はこの話題についての専門性が高い先生という立場から教えますので、耳を傾けてくださいね」という具合です。

一方で、研修の場が緊張でガチガチになっている場合には、「私も、ときには受講生として今のみなさんと同じ側に座っていることがあります。こういうときって、緊張しますよね」という感じで、「受講生の仲間」の帽子をかぶり、共感を示します。

このように、相手の状態に合わせてかぶる「帽子」を変えていくことで、周囲とのコミュニケーションがとりやすく、円滑になったと実感しています。

POINT 7

部下に対する願いに気づく

部下との関係を修復する会話

「君の仕事ぶり、レベルが低すぎる！」など、上司が部下に対して、あからさまにネガティブな発言をしてしまう理由は状況によってさまざまでしょう。

例えば、業務をなかなか覚えてくれない部下に対して、辛抱強く指導し、フォローしてきたけれど、どうにも我慢の限界がきて思わず言ってしまったというケース。

あるいは、チームで必達の目標数字があり、それを受けて部下それぞれに課せられているノルマがある。そのノルマを確実に達成してもらうために、あの手この手で部下に発破をかけているものの、中にはどうしても響かない部下がいる。その部下の態度に本当に頭にきて、きついひと言をつい放ってしまったというケース。

そのほか、期待をかけている部下に対して、「彼（彼女）ならもっとできるはず！」

という思いから、相手のやる気にさらにスイッチを入れるために、こうした言葉をあえて言ってみた、というケースもあるでしょう。

上司に課せられている最大の役割は、**「チーム単位で成果を上げること」**です。そのためには、チームのメンバー一人ひとりに、その持てる力を最大限に発揮してもらう必要があります。だからこそ、上司であるあなたはチームのメンバーたちに対して、指導したり、助言したり、ときには厳しい言葉で叱咤するなどして、メンバーたちのモチベーションを上げようと、日々汗を流していることと思います。

ところが、そのがんばりが裏目に出たり、忍耐が効かなくなってつい本音が出た挙げ句のネガティブな発言が部下の心を傷つけ、人間関係を悪化させてしまうことがあります。

こんな状況になったら、あなたならまず、どうしますか？

その部下と関係修復を図りたいのなら、そのまま放置しておくわけにはいきませんね。だからといって、関係修復のために闇雲に動くことはおすすめしません。ここで上司が絶対にやってはいけないことは、その場を取り繕い、自分を弁護する発言をすることです。人間関係は悪化する一方で、修復の糸口が見えなくなります。私がこんな悩みを持つ上司を支援するとき、しばしば次の質問をします。

「〇〇さんにとって、そこにある『願い』は何ですか？」

上司であるあなたは、その**部下に対して、「こうあってほしい」「こうなってほしい」という「願い」**があったからこそ、その厳しい言葉を告げたのだと思います。相手を傷つけたいとか、意地悪をしたいといった思いからでは決してないでしょう。

その「願い」の大本には、あなたが上司としてチームをよりよいものにしたいという思いがあるはずです。

部下への「願い」の背景にある、本当の思いはなんですか？

目標の未達成など現実に起きていることの良し悪しは一旦脇において、**今自分が感じている感情やそこにある相手への「願い」、一緒につくりたい未来に思いを巡らせてみましょう。**このプロセスには、あなた自身が平常心をとり戻す効果も期待できます。

自分の発言が原因で部下との関係が悪化したわけですが、この出来事は傷ついた部下だけでなく、その言葉を発した上司にとっても、かなり心が折れる体験です。

「あのネガティブ発言の背景には、部下に対する自分のこんな『願い』があったのだ」ということを改めて振り返ることで、心のバランスをとり戻し、部下との人間関係を新たにつくり直していきましょう。

◆話し合いの場を設けよう

あなた自身の部下に対する「願い」を確認できたら、次のステップは部下との関係を修復することです。まず、「その部下と話し合う場」を設けてください。ここで大事なことは、他のミーティングの一部として組み込むのではなく、懸案となっているその事柄だけを話す時間を設けることだと覚えておいてください。

そうは言っても、部下との関係がこじれている局面では、「話し合おう」と言ったところで、相手の頑なな姿勢はそう簡単に崩れない可能性もあります。そのため、丁寧な対応が肝心です。

そして、今起きていることの一因は自分の部下に対するネガティブ発言であることを素直に認め、かつ相手に歩み寄る姿勢があることをきちんと伝えることが大切です。

こうした難易度の高い会話を進める際に、使いやすいフレームワークがありますのでご紹介します。対話の冒頭で、上司の側からこれらの項目を順番に伝えていくことで、会話を安全にスムーズに進行できますので、ぜひ活用してみてください。

ステップ①　目的を伝える

「今日時間を取ってもらったのは、これからの仕事をよりスムーズに進めていくために、どんなことができるかという話をしたかったからなんだよね」

ステップ②　具体的な例示をする

「この前、私が『君はレベルが低すぎる』という発言をして、それについていろいろあったと思うんだけど、なかなか時間が取れなくて、そのままにしてしまっていたので、今日はその話を一緒にしたいと思ってね」

ステップ③　自身の関与について伝える

「私のやり方には大きな問題があったと反省しているし、このことを解決していきたいと考えているんだ」

ステップ④ 対話の方針

「今日は一緒に少し話をして、お互いにより気持ちよく仕事ができる状態をつくっていきたいと思っているんだ」

ステップ⑤ 相手の見解をまず聞く

「私が話す前に、まずはあなたから見えていたことや、感じていることなど、もしよかったら教えてもらえるかな?」

こうした会話の際、無意識のうちに上司は自分の責任を棚に上げて、「部下に歩み寄りを求める」という方向で話を進めることがあります。しかし、これは決してやるべきではありません。部下との関係悪化の原因は、そもそもあなたの発言です。そのあなたが部下に歩み寄りを求める態度をとれば、関係修復の糸口をつかめなくなります。

「歩み寄る姿勢」を示すのは、あくまで上司の側です。関係修復を進めるにあたって、この点は非常に重要ですのでくれぐれも注意してください。

上司の自分から歩み寄りの姿勢を示したうえで、関係悪化の引き金となった発言の背景にある「上司であるあなたの『願い』」を伝えていきましょう。上司として、あなたがこのチームにどんなことを起こしたいと考えているのか。そのために、部下にどんな役割を果たしてもらいたいのか。そうした「願い」を相手に伝えていくのです。

悪化してしまった部下との人間関係に効く即効薬などありません。そして、「すぐに解決できないなら放置する」という選択肢は、状況を悪化させるだけです。

厳しいトラブルも、視点を変えて上手に生かせば部下との関係を再構築する機会になります。相手のことを丁寧に傾聴しつつ、自分の願いを伝える時間をとることです。

◆相手の持てる能力を配慮しよう

関係修復のための話し合いをいい形で収束させるのに、当事者たちに欠かせない考え方があります。それは**「相手も相手なりのベストを尽くしている」**というものです。

これはなにも職場での人間関係に限らず、夫婦や親子、友人関係など、あらゆる人間関係にも適用できる考え方です。

私たちはとかく、物事を「自分本位」で見てしまう傾向があります。「自分本位」の視点にはまると、「自分は正しい・相手は間違っている」という、「対立関係」の構図に落とし込みがちです。とりわけ価値観や考え方などに違和感を覚える相手に対しては、このような対立関係をつくり、自分と相手との間に優劣をつけようとしがちです。

成人同士の会話では、話題のおよそ69パーセントには正解が存在しないという調査結果（心理学者のジョン・ゴットマンによる）があります。この結果から、あなたが絶対的に正しくて、相手が絶対的に間違っているという話題は意外と少ないといえそうです。

ある話題に対して、絶対的な正誤があるというより、双方の解釈にズレがあるというのが現実でしょう。それなのに「私は正しい！」と自分の「正義」を振りかざした途端、相手に歩み寄ることは難しくなります。関係修復も望めません。

相手に歩み寄るには、「相手の立場に立つ」という視点がやはり欠かせません。相手の真意を推測する方法として、第2章の5で「テレビの再現ドラマ」を応用する話をしましたが（108ページ参照）、この局面でも、そうした想像力の発揮が重要になります。

そして相手に対して、「相手には相手の持てる能力と置かれている環境・状況があって、その中でベストを尽くしている」という意識を持つことも大切です。私のコーチング先の方々のお話を聞いていても、意図的に上司をイライラさせようと思っている人はほとんどいません。実際には、自分の持つ精一杯の力で仕事をしているのです。

ただ、上司であるあなたが部下の仕事ぶりに満足できなかった、というだけなのです。つまり、あくまであなたの「受け止め方」の問題なのです。

こうした意識を持つと、相手に対してある程度寛容になれるものです。それまではいちいち気に障った相手の言葉や態度、考え方などに対しても、全面的にではないにしろ受け入れやすくなるでしょう。こうしたあなたの変化は相手に伝わり、相手もあなたに歩み寄りやすくなることでしょう。

◆相手に拒絶されても受け入れよう

場合によっては、これだけの労力を割いて対応しても、相手から拒絶されることもあります。どう歩み寄っても、相手がこちらを許してくれないケースです。

こちらにも感情があるように、相手にも感情があります。自分としては万全の対応をしても、こちらが意図した通り100パーセント理想の形で物事が進むとは限りません。

「遅きに失する」という言葉がありますが、対応が遅れると、遅れた分だけ関係修復にも時間がかかります。こうした状況下では、上司はできるだけ早い対応が求められますが、いつもタイムリーに動けるとは限りません。

上司であるあなたは、チームの最高意思決定者です。

どうすれば部下は持てる力でベストを尽くし、チームに少しでも協力してくれるだろうか。この問いについて、しっかり考える時間をぜひ取ってみてください。

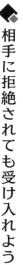

そして、他の有効な手段が見つからなければ、最終手段として「延命」という選択肢があることはぜひ覚えておいてください。

年度単位で動くビジネスの世界では、上司は**人事異動というカード**を切ることができます。部下を次のタイミングまで「延命」させる、つまり該当する部下には必要最低限の仕事をこなしてもらい、翌年度のタイミングで異動させるという意思決定は、上司であるあなたにしかできません。

夫婦や家族などと違って、会社での人間関係は永年連れ合う関係ではありません。お互いの相性もあるでしょう。他に優先すべき人間関係もあるでしょう。歩み寄ってみたものの、うまくことが運ばない場合は最後の手段として、異動を視野に入れた「延命」という選択肢があることを忘れないでください。

第3章

チームがまとまらない……に効く！

成果を出すチームに変える会話

POINT 1

印象をマネジメントする

≫部下に「持ってもらいたい印象」を伝える方法

「異動した初日の挨拶で何を言うか」

12月や3月など、新年や新年度がスタートする前月のコーチングセッションでよく取り上げられるテーマです。そして、ほとんどの上司がセッションの途中で「あること」に気がつきます。

それは皮肉にも、**「自分がいくら気合を入れて挨拶したところで、大多数の部下がたいして聞いていない」**ということです。

残念ではありますが、現実はその通りでしょう。人間は相手が話した内容の25パーセントくらいしか記憶していないというデータがありますが、実際、あなたが部下だったころのことを思い出してください。異動してきた新しい上司の初日の挨拶に対して、どんな感想を持ちましたか？　この質問をすると、「あれ？　ほとんど覚えていない……」と答える人が大半です。

着任した上司が「最初が肝心」とばかりに、インパクトのある挨拶をしようとがんばったところで、結局、部下はたいして聞いてくれず記憶にも残らないのです。

だからといって、「どうせ誰も聞いていないから、『初日の挨拶』はなし」というわけにもいきませんね。部下としては、前の上司と新しく着任した上司とどう違うのかは知りたいところでしょうし、どういう人柄なのかは多少ともつかんでおきたいところでしょう。

「初日の挨拶」の内容を考えるうえで大事なのは、まさにここです。

つまり、**「部下たちが新しい上司からどんな話を聞きたいのか」という相手目線で、**「初日の挨拶」を考えていくのです。

「初日の挨拶」でポイントとなるのは次の2つです。

ポイント①　部下たちに「こう見てもらいたいという印象」が残るように演出する

ポイント②　部下たちに「覚えておいてもらいたいこと」だけを話す

① 部下たちに「こう見てもらいたいという印象」が残るように演出する

これは、自分が他者からどう見えているかを自主的に管理する「印象マネジメント」に関係します。

私たちは日々、さまざまな人たちとコミュニケーションをとります。その中で相手の話の内容はあまり覚えていなくても、相手の「印象」については意外と記憶しているものです。例えば「厳しそうな人だな」「いつもニコニコしている人だな」……というものです。

あなたは部下たちに、どのような印象を残したいかを考えたことがありますか？初日の挨拶の前に、**自分は部下から「こう見てもらいたい」という印象を固めておくことが重要です。**

印象マネジメントは、**「非言語」と「言語」の両面**から組み立てていきます。

非言語とは、表情や声のトーン、話す態度、見た目や聞こえ方などから伝わる印象です。こうした非言語による印象づくりは、頭で考えているだけでは身につきません。鏡の前に立って、実際に挨拶のリハーサルを繰り返して、体に覚え込ませていきましょう。リハーサルの動画をスマホなどで録画しておいて、見直すのもいいでしょう。コーチングセッションでも、上司に「堂々とした態度で、笑顔を浮かべたまま話してみてください」と、事前に練習をしてもらうことがあります。普段は対話を重ねるために使うコーチングセッションの時間を費やしてまで練習してもらうわけですから、「相手にどう見えているか」という非言語の要素がいかに重要か、おわかりいただけると思います。

一方、言語での印象づくりでは、「どういう内容を話すか」もさることながら、「どういう言葉を使うか」、特に**キーワードの選定**が鍵を握ります。

アメリカの元大統領バラク・オバマ氏を思い出してください。彼のキーワードは「チェンジ」でした。他の言葉は覚えていなくても、それだけは覚えているという方も多いのではないでしょうか。このように後々まで記憶に残るキーワードを選ぶことは大切です。

例えばあなたが、「信用できる上司」という印象を与えたいとします。それならば「信用」というキーワードを挨拶の要所要所に入れ込んでいくのです。

② 部下たちに「覚えておいてもらいたいこと」だけを話す

初日の挨拶では、あれもこれもとたくさん伝えたいことをつい盛り込んでしまいがちです。しかし、**伝えたいことはとことん絞り込む**のが正解です。部下たちに「覚えていてもらいたいこと」だけを話す、というポイントを忘れてはいけません。

部下たちが、新しい上司から聞きたいことって何だろう？　そんな問いかけに答えるような内容を厳選するのです。「相手目線」に立った発言内容にチューニングしていくイメージです。上司の心情としては、初日の挨拶の中でつい「自己紹介」や「決意表明」をしたくなるものですが、聞き手のメンバーにとっては意外と退屈だったりします。

もし部下たちの「新しい上司に聞きたいこと」ランキングがあったら、これらの項目はおそらく下位に埋もれるでしょう。

それでは、部下が新しい上司にもっとも聞きたい話は何でしょうか。それを知るには、自分が部下だったときの経験を思い出したり、他の人にインタビューするなどして探っていく必要があります。一方的に自分の主張をするのではなく、相手が聞きたいと思うことを察知して伝える。そのための事前準備は怠らない。そんな姿勢が求められているのです。

私がコーチングした上司によると、部下から評判がいいのは**「未来志向」の話**だそうです。つまり**「これから自分は『どんなチームをつくろうとしているか』」**が伝わる話をする。

新しい上司が何を目指しているのかがわからないままでは、部下たちはどこに進んでいいかがわからず、不安を感じます。その不安を初日の挨拶で解消するのです。

上司の最初の仕事として、これ以上に重要度の高い仕事はないかもしれません。

POINT 2

ロールモデルのマネをする

「見られたい自分」に近づく方法

私が企業向けにコーチングを提供する場合、コーチングを受けるリーダーご本人からの依頼よりも、その方の上司や人事部からご依頼を受けるケースが多いのが実情です。このようなご依頼では、リーダー育成に関して次のようなお悩みを聞くことがあります。

「○○さんの件なのですが、部下の前で頼りなさそうな態度をとることがあって、どうしたものかと思っているのですよ。**もっと自信のある態度がとれるよう、コーチングでサポートしてもらえませんか**」

このような相談を受けると、私が実際に対象となる方に会いにいくという流れになります。そして、実際にその方と面談をさせていただくと、私の目からは、自信がなさそうにはとても見えない、ということがよく起こります。周囲の評価と本人に会った印象とのギャップに驚かされるケースです。

「このギャップは何だろう?」と疑問を抱きながら、こうした方々のコーチングをしていく中で、私はあることに気がつきました。それは、「自信がない」という印象を周囲に与えてしまう人の共通点として、**「見られている」という意識が希薄である**ということでした。

部下は、上司の一挙手一投足を意外と見ています。しかも、「まさか、ここは見られていないだろう」と思うような場面で、上司の挙動をチェックしているものです。例えば、トイレなどに行くために席を立ったときの動作、電話中のしぐさ、ガラス張りの部屋でミーティングをしているときの姿などです。部下は上司の動作や機嫌に敏感なのです。

「えっ! そんなところまで?」と驚かされ、場合によっては不快に感じるかもしれません。しかし部下を持つ立場になったら、「会社にいる間は、ずっとビデオカメラで撮影されていて、自分の表情や発言は観察されている」くらいの気持ちでいた方がいいでしょう。

人は何かを観察すれば、その対象に対してなんらかの感情を持つものです。上司本人からすれば何気ない態度や動作や表情が、部下からの「自信がなさそう」「堂々としていない」といった評価に繋がっていくのです。

上司になったら、自分の一挙手一投足がまわりから「どう見えているのか」、そして「どういう印象を与えているのか」に意識を向ける必要があります。なぜなら、**まわりに与えている印象が、上司としての発言の説得力に影響を与える**からです。例えば、「頼りない」という印象を与えてしまうと、いくら発言しても部下たちからは「本当に大丈夫かな」と受け止められてしまいます。「腹黒そうで、信頼できない」という印象を持たれると、何を言っても「この上司の言葉は信用できない」と判断されてしまいます。

◆動画を撮って自分の姿を見てみよう

それでは、「自分はまわりから『どう見えているのか』」をどのように確認すればいいのでしょうか。上司のみなさんにおすすめしている方法が、**「職場での自分を動画**

で撮る」ことです。スマホなどを使って、機会があるごとに職場での自分の姿を自撮りしましょう。

例えば、自分のデスクの上にスマホを置いて、仕事中の自分の姿を撮影する。会議中に「記録のため」と断りを入れて、スマホで録画するなどが考えられます。

クライアントの中には、「自意識過剰に思われるので、自撮り撮影はやりたくないのですが……」と抵抗を示す人もいます。その場合、オフィス内にある鏡や窓ガラスに映る自分の姿を観察するクセをつけるところから始めましょう。

私がコーチングしているある上司は、この「自分の姿を確認する」習慣をなかなかつくることができませんでした。そこで私から手鏡をプレゼントさせていただき、机の上に常に置いていただきました。こうすれば、ご自身の姿をいつでも観察することができます。

当然ではありますが、撮影した自撮り動画は後から再生して視聴しましょう。自分が普段、どのような表情、目線、ジェスチャー、話し方、声のトーン、言葉遣いなどをしているのかが客観的にわかります。そこで必要な修正を、かけていくのです。

◆ロールモデルを選ぶときのコツ

第3章の1で紹介した印象マネジメントの手法では、まず「自分はこう見られたい」というイメージを明確にし、それを実現するための「自分づくり」に着手しました。

印象マネジメントの手法には、別のやり方があります。それは**「ロールモデル（お手本）」を作って、それをマネする方法**です。まずは、「こんなリーダーと一緒に働きたい」と自分が思える人を思い浮かべましょう。

「ロールモデル」に選ぶ人は、社内で「この人！」と思える人でもいいし、社外の憧れの人でも構いません。**テレビで活躍しているタレントやマンガや小説の登場人物でもいい**と思います。また、ロールモデルはひとりに限定せず、「この場合は、○○さん」「この場合は、△△さん」など、状況ごとに設定するのも一案です。

あえて注意事項を挙げるとすれば、自分のタイプとあまりにかけ離れている人だとマネするのが辛くなります。「この人ならマネできそう」という人を選びましょう。

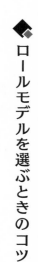

そして、「この人をロールモデルにする」と決めたら、完全コピーを目指してください。話し方や声のトーン、言葉遣い、表情、ジェスチャー、しぐさ、立ち居ふるまいなどを徹底的に研究してマネていくのです。その人に「なり切る」くらいの気持ちが大切です。

ちなみに私自身も、状況ごとにさまざまなロールモデルを持っています。例えば、人前で「わかりやすく話す」ときに参考にしているのは、ジャーナリストの池上彰さんです。テンポよく会話を進めたいときにはマツコ・デラックスさん、ジェスチャーを大きくしないと伝わらないときは、タレントの松岡修造さんをロールモデルにしています。

私自身、ロールモデルを持つようになってから、さまざまな場面において自分の印象マネジメントがしやすくなったと実感しています。

POINT 3

ただ聞くだけ

部下の心に大きな変化を起こす方法

上司と部下との面談によって決めた目標を、部下が達成できない際に「自分で決めた目標じゃないので」と、部下がネガティブな発言をしました。そのとき、上司がどう導くかによって、今後の仕事の成果や部下との人間関係は大きく変化します。この発言に遭遇したとき、あなただったらどんな対応をしますか？

例えば、「今さら、そんなことを言われても困るよ！」と苦言を呈し、なんとか「目標達成」に持っていけるように、強引にねじ伏せるように話を持っていく。

あるいは、「確かにそうだよね……。わかった、ここからは私がやっておくから大丈夫」と部下のリクエストを過剰に受け入れて押し切られてしまう。

私がコーチングする上司との対話の中で頻繁に遭遇するケースであり、なおかつ決定打となる解決策が見つけにくい、難易度の高い課題だと感じています。

私の経験上、**部下のネガティブ発言に対処しないことは、後々大きな問題に発展する可能性があります。**そのため、この発言には丁寧な対応が求められます。

この会話のそもそもの論点は、一度部下と取り決めた目標に対して、部下の現状の達成度が芳しくない、というところから始まっています。

その改善を図るために設定した面談において、部下からネガティブな発言を聞くのは、上司として非常に残念な瞬間です。「私だって、自分の好きなように決めて行動できるわけじゃないのに」といった怒りが静かにこみ上げてくることもあるでしょう。

この状況に対して、上司はどんな対応をするのが最善なのか、考えていきましょう。

部下が上司に、本当に伝えたかった真意はどこにあるのでしょうか。

「自分で決めた目標じゃない」という以外にも、頻出する部下のネガティブ発言が「自分なりにがんばっているのですが……」や、「そもそも、この目標設定に無理がありませんか?」「会社のやり方、おかしくないですか?」という会社の方針そのものを否定するものです。こうした言葉を額面通りに受け取っていいものか、掘り下げてみましょう。
チームに課せられた「目標」達成についてもっとも深くコミットしている上司のあなたにすれば、こんな部下のネガティブ発言を「何をバカなことを言っているんだ」と一蹴して、目標達成に向けた具体的な行動を促したいところでしょう。しかし、それでは対立感情が増すばかりです。

ここでひと呼吸おいてみましょう。はたして、話はそんなに単純なのでしょうか？　部下のこうしたネガティブ発言はあくまで会話の糸口、「きっかけ」であって、その言葉は「伝えたい真意」ではない可能性があります。言い換えると、こういった部下の「第一声」の背後には、**上司であるあなたに伝えたい「何か別の事柄」がひそんでいる**ということです。そして、その「何か」を察知して、部下との深い会話を組み立てていけるか、そこに上司としてのあなたの資質が問われていると考えてみてください。

大切なのは、「彼（彼女）は、どういう意図でこのネガティブ発言をしたのだろうか？」という好奇心を持って聞き取っていくことです。発言の上っ面だけをつかまえて話を終わらせてはならないことを、まず心に留めてください。

◆自分がコントロールできる話題を選ぼう

一方、上司にしてみれば、こうしたネガティブ発言の裏にある部下の「伝えたい真意」を聞き出していくことに多少の怖れを感じることもあるでしょう（実際、コーチングセッションでも、そう話す上司は少なくありません）。

部下が自分に対してわざわざネガティブ発言をするということは、「何か含みがあるな。言いたいことがあるのだろう……」と勘づいている上司もいるでしょう。しかし、それ以上踏み込んで聞くのが怖い。核心にふれるのを避けてしまうのです。

しかも多くの上司は「なぜ怖いのか」という理由にも、うすうす気づいているものです。それは、部下がネガティブ発言を通して上司に伝えようとしている案件は、**あなた自身の裁量では解決できない可能性が高い**からです。

例えば、「目標達成のためには、販売促進の予算がもっと必要です」、「部署の人数が今のままでは、目標の売上をクリアするのは無理です」……といった話題。

こうした、いわゆる会社に対する不満や要望は、誰よりも真剣に仕事に取り組んでいるあなた自身が真っ先に感じていることかもしれません。そしてあなた自身も不満は感じていながら、自分より上位の幹部層が決めた予算や目標については、自分の裁量ではいかんともしがたい問題として、もどかしく思っていることだったりします。

お行儀の悪い表現で申し訳ありませんが、スポーツの世界でしばしば使われる「ウンチ・ウンコは語らない」という言葉があります。

「ウンチ・ウンコ」とは、「unchangeable（変えられない）」「uncontrollable（コントロールできない）」という英単語の最初の部分をつなげた造語です。これは**「『変えられないもの』、『コントロールできないもの』は、会話の中で取り扱わない」**という方針を意味しています。

「実現可能性」の低い話題についての会話はモチベーションが上がらず、会話の軸もブレてしまって、最終的に新しい発見や発想を生み出すことなく終わってしまいます。そのため、スポーツの世界では極力そういった話題は排除し、会話のテーマを「変えられるもの」「コントロールできるもの」を意識して選んでいます。

このように**上司には適切な話題を選んで進めるという、舵取り**が期待されています。

では、会社組織の中で働くあなたやあなたの部下の中の「ウンチ・ウンコ」には、どんなものがあるでしょうか。

「会社の中期経営計画において、自分たちの部署に割り当てられた目標数値」、「業績と連動したボーナスの算定基準」などが一例として挙げられるでしょう。これらの事項はあなたもあなたの部下も、直接、当事者として意思決定に関与できないため、コントロールが効かないものといえるでしょう。

今回のケースで、改めて考えてみましょう。

「自分で決めた目標でもないし、今の状況で、この目標を達成するのって、どう考えても無理じゃないですか？」という部下からのネガティブ発言に対して、「ウンチ・ウンコ」として取り扱わない方がいい問題・課題は何かをまず特定します。

この場合なら、あなたの部署に割り当てられている販売促進の予算に対する不満、人員が足りないという2つの問題が該当します。実際問題、上司がその場で意思決定して変更できる問題ではないので、取り扱わないということです。

すると、「それでは上司として、一体私は何をすればいいのですか？」「こういう部下にどう対応すればいいんでしょうか？」といった疑問がわいてくると思います。

まず上司にお伝えしたいのが、**「あなたが『解決』を考える必要はない」**ということです。意外ですか？　しかし「解決する」こと自体は、それほど重要ではないのです。

実際、部下自身も直属の上司にあれこれと不満を伝えたところで、そう簡単には解決できないことはうすうすわかっているものです。また、その解決自体を必ずしも上司に求めているわけではないことも多いのです。

会社組織の一員として、自分で決めた目標でなくても課せられた以上はその達成に向けて最善を尽くさねばならないことも、大多数の部下たちは十分に理解しています。

意見を挟まずに、「ただ聞くだけ」に徹しよう

それではなぜ、部下は自分の心の中にある会社や部署への（または上司であるあなたに対する）不満を、わざわざ口にするのでしょうか。

答えはとてもシンプルですが、**不満を上司に「ただ聞いてほしい」から**ではないでしょうか。つまり解決を求めているのではなく、「ただ聞いてほしい」のです。

だからこそ、上司は部下の口から出てくる不満について「解決してあげよう」と思う必要はありません。ただ丁寧に聞くだけで十分です。例えば、こんな対話です。

部下「自分で決めた目標でもないし、今の状況でこの目標を達成するのって、どう考えても無理じゃないですか？」

上司「目標を達成するのは、今の状況では難しい、っていうことを言ってるんだよね？**（復唱）**」

部下「そうですよ！　そもそも部署の販促予算が少ないから、とても実現できないっていう話じゃないですか。本当は○○さんもわかってますよね？」

上司「そうだよね。確かに、そういう側面があるのかもしれないし、君がそう思うのは無理もないよね。**（承認）**もう少し詳しく教えてくれる？**（合いの手）**」

部下「チーム編成に最初から無理があるのではないかと、前々から思っていました。あと、現実を無視して、こうした目標を平気で掲げてくる会社もおかしくないですか？　会社が決めた目標だからと思って私たちもがんばっていますが、やればやるほど無理があると思えて仕方がないんです」

上司「そうか。そんなことを考えていたんだね。**（承認）**つまり、自分たちはがんばっているけど、この目標を達成するのは無理だと思っていて、そもそもこんな無理な数字を押しつけてくる会社もおかしいのではないかって話だよね？**（要約）**」

部下「そうですよ！」

上司「わかった。言ってることは理解できた。**（承認）**ありがとう。これについて、どんな解決策があると思う？　一緒に考えていきたいんだけど、何か考えはある？」

部下「うーん、難しいですね……」

上司「どんなアイデアでもいいよ、一緒に考えるから」

部下「例えば、マーケティングに長けた人を採用すると、目標達成にも近づきやすくなるのではと思います」

上司「そうなんだね。マーケティングに長けた人を採用してくると解決すると、△△さんは考えているんだね。**（要約）**その話をもう少し、聞かせてくれるかな？（**合いの手**）」

部下「そうです。今の私たちに欠けているのは、戦略的にマーケティングをしていくことで、闇雲に営業をかけていくことじゃないと思うんですよ」

上司「確かに、そういうことはあるかもしれないね（**承認**）」

部下「今はギリギリしのげていても、最終的にジリ貧になっていくと思うんですよね。それを心配してるんですよ」

上司「なるほど、そんなふうに考えていたんだね（**承認**）」

部下「そうなんです。そういう意味で、毎月毎月、場当たり的に数字を作っていくことへのモチベーションが上がりにくいと感じてるんですよね」

上司「教えてくれてありがとう。とっても言いにくいことだったと思うけど、チームにとってとても大切なことだね。このことは私も考えてみるよ。今、話していてどんなことを感じてるか、もしよかったら教えてくれる？」

部下「そうですね。前から考えていたことをお伝えできたので、スッキリしている気がします。それと、私自身ももうちょっと積極的に新しいアイデアを提案してもいいのかなと感じました」

上　司「ありがとう。そう言ってくれると、私もうれしいよ。他にどんなアイデアがあるかなぁ。一緒に考えよう」

……（会話は続く）

この会話で実際に上司がやっていることは、「ただ聞く」ことだけです。自分の意見を挟まず、相手の発言を促し、主張の整理のお手伝いをしている状態だと思ってください。

「ただ聞くだけで本当にいいのだろうか？」と思うかもしれませんが、**「上司に自分の話をじっくり聞いてもらえる」という経験は、部下の心に大きな変化をもたらします。**

なんといっても、話を聞いてもらえることで、話し手は聞き手に対する好感度を確実に上げていきます。「この人は話を聞いてくれる」あるいは、「今日は話をしてもよさそうだ」という感情を抱くことで、相手への好感度がぐんと上がります。

「いやいや、そんな簡単にいけば苦労しないって」と思ったあなたにこそ考えてほしいのは、私たち成人同士の会話で起きる状況です。

大人同士の会話では、相手に配慮しながら、自分の発話量を調整しつつ会話するのが一般的です。自分の思うがまま、一方的に相手に話をすることは滅多にありません。つまり、相手の時間を独占して、自分の話を一方的にしてもよい、という環境を手にすることは極めてまれなのです。そのため、話をたくさん聞いてくれる機会があれば、その聞き手のことを半自動的に好きになるという傾向が私たちにはあります。

上司のみなさんはぜひ、この傾向を利用してみてください。

この話にはさらに続きがあります。

人は相手を一度信頼して好意を寄せると、その場を安全だと認識し、発言する量や伝える情報を増やす傾向があります。一連の「丁寧な傾聴」によって、相手が、本当に話したい真意を開示しやすい状況が生み出されるのです。

聞き手の丁寧な傾聴によって、話し手は自分の論調を整理しながら話を進めることができます。結果的に、自分の中からいろいろな言葉やアイデアが引き出されて、さまざまな気づきに繋がっていくのです。上司は、部下との対話で必ずしも「解決」を示す必要はありません。あなたが部下の話に好奇心を持ってじっくり耳を傾けることで、部下自身が、問題への解決に一歩一歩近づいていくのですから。

POINT 4

中長期のビジョンを持つ

≫「不満分子の部下」への対応を決める方法

「私はこんなにがんばっているのに、○○さんは、きちんと評価してくれない」
「なんであの人が私より先に昇進するの？　あれって□□部長のえこひいきだよね」
などと、陰で上司への不満をこそこそと言いふらす部下。

上司になると、ときにこうした部下にも遭遇するものです。面と向かって不満を打ち明けてくれないだけ、上司としては扱いに困るタイプの部下です。

このタイプの部下が現れたら、私はすぐに対処すべきと考えています。そのまま放置していると、**上司であるあなたにとって命取り**になりかねないからです。

ところが実態として上司の多くは、このやっかいな「裏でコソコソ」タイプの部下を放置しがちです。

「自分に直接、不満を伝えてくれた方がよっぽど対応しやすいのだが、他の部下からの伝聞の場合は、手が下しにくい」と躊躇《ちゅうちょ》する上司の声を聞いたことがあります。また、「文句があるなら、言わせておけばいいんだ」と、はなから相手にしない上司もいます。チームで上げるべき成果という最優先事項に比べたら、「こんな部下を相手にするのはバカバカしい」とも感じてしまうのでしょう。

しかし、この部下への対処を怠った結果、上司であるあなたの足をすくうような、とんでもない出来事が起こってしまうことが意外に多くあります。

この問題は一見、上司であるあなたと特定の部下との間のこと、つまり個人と個人の問題のように思えます。しかしそれはあまりに表面的な見方であり、この問題が発する影響力はチーム全体に及ぶと私は考えています。少し掘り下げていきましょう。

まず、「裏でコソコソ」部下は、チーム内でアンチ上司の派閥をつくろうとします。一方で、そうした動きを迷惑に感じるメンバーも存在するはずです。「裏でコソコソ」部下が発する話題は基本的にネガティブですから、チーム全体の士気を大きく下げ、ひいてはチームの生産性を下げてしまうのです。

さらに放置して、ネガティブオーラをまき散らす元凶（「裏でコソコソ」部下）のパワーが増せば、チームでの仕事から楽しみや活気が奪われていきます。

このような状況への不平不満はすべて、上司であるあなたに向かいます。「職場の雰囲気を悪くする人を放置している、うちの上司って何？」と、何も手を打たないあなたへの不信感が高まる危険性があるのです。

◆その部下は「本当に必要か？」を考えてみよう

この「裏でコソコソ」部下に遭遇したら、私が上司にすすめていることがあります。**中長期のビジョンとして、「自分は上司として、どんなチームをつくりたいのか」を今一度考える**ことです。そのビジョンに照らして、「この部下のこの行動は、チームの目標達成に本当に必要なのか？」を自問自答します。

例えば、あなたがプロスポーツチームの監督だったとします。たくさんの所属選手の中から、試合に起用する選手を絞らなくてはなりません。そんな状況下で、あなたが選手を選ぶ基準は何でしょうか。

あなたのチームにスター選手が何人もいて、その中から数名を選抜すればよいのであれば話は簡単かもしれません。しかし、チームにはそれぞれ「台所事情」があるものです。

即戦力の選手だけに偏るのではなく、数年先のチームを背負ってくれる将来性を感じさせる人材を育てていくのも、上司であるあなたの大切な役割です。

チームの構成員たるメンバーたちを育てていくのは、チームに課せられた目標を達成するための「手段」に位置づけられます。

したがって、あなたがもし「裏でコソコソ」部下を「チームの目標達成のために必要だ」と判断したなら、その部下との関係修復を試みて、**「育てる」方向にシフト**すべきです。関係修復のために必要なのは、第2章の7で述べた「話し合いの場」を設け、歩み寄りを図っていくことです（具体的な話し合いの進め方については、119ページを参考にしてください）。

逆にあなたが、「このチームには必要ない」と判断したのなら、人事部に相談するなどして、その部下に**「異動してもらう」**ことを考えるべきです。

しかし、諸事情で、簡単に異動ができないケースもあるでしょう。その場合はチームの一員として、それなりの結果が出せる人材へと育てていくほかありません。先ほどの「必要」と判断したときと同様に、「関係修復を図り、育てる」という方向に舵を切りましょう。

上司に心得てほしいことは、部下を「異動させる」という意思決定はあくまで最終手段だということです。「他にやれることはないか」、まず自分に問いかけてください。「最終的に異動してもらった部下が、異動先の部署の上司のもとで、水を得た魚のように見違えるように働いていることに驚いた」、という話を聞いたことがあります。その方は、上司として自身の働きかけが不十分だったと反省していました。

実は「裏でコソコソ」部下は隠れたハイパフォーマーで、あなたの働きかけが部下の「やる気スイッチ」にふれなかったので、その能力が発揮されなかった可能性があるのです。

さて、あなたは部下の「スイッチ」を入れられているでしょうか。

もちろん、人間には相性があります。たとえあなたがその部下のスイッチを入れてあげられなかったとしても、それほど落ち込む必要はありません。ただし、その部下が「別のリーダーのもとでなら、スイッチが入った」という事実に目を向けることは大切です。

相手が自分にどう接するかによって、人の態度は意外と変わるものです。例えば、「お前なんかに期待していない」という気持ちで部下に接していれば、それは部下に伝わります。それによって、部下のやる気はそがれます。また、人間の心理として、自分を承認してくれない相手に対しては一般的に不満を持ちがちです。

つまり、「裏でコソコソ部下」をつくり出していたのは、上司であるあなたの接し方にあるかもしれないのです。

その意味で、**部下に対してポジティブなスイッチを入れられるのも上司なら、ネガティブなスイッチを入れてしまうのも上司なのです。**

修復ができないほど関係が悪化してしまった部下に対しては、チーム全体の利益を守るために「排除」という選択肢を取らざるを得ないときがあります。

その一方、上司である自分の接し方次第で、部下はやる気に満ちた人材、チームに貢献してくれる人材にもなれれば、やる気のない人やチームにマイナスの影響を与える人にもなるという事実を、常に心に留めておいてください。

POINT 5

部下からのフィードバックをとる

》「部下が求めていること」を本人から直接聞く方法

今までの同僚が自分の部下になる。

年功序列がどんどん崩れていることもあって、こうしたケースはこれからも増えていくことでしょう。元同僚たちとはこれまで、一緒になって前の上司への文句をさんざん言っていたかもしれません。例えば「○○さんて、こういうところ、気が利かないよな」「上司ってこういう役割なのにさ、○○さんには欠けているよね」……などなど。ところが、今度は自分がその「上司」の立場となり、元同僚たちは「部下」になるのです。

すると、「自分も、あんなふうに批判されたりするのかな。そうならないためには、どうしたらいいんだろう?」と、ついつい自分にベクトルが向いてしまいがちです。

しかし、こんな状況だからこそ、ベクトルは「自分」ではなく、「相手」（つまり、元同僚の部下たち）に向けるべきです。

その理由は、あなたがこの状況に対して「困ったな……」などといった感情を抱いているのと同じように、元同僚である「部下」たちもそれぞれに、同僚だったあなたが上司になったことに対して何らかの感情を抱いていると思われるからです。

ここで私からの提案です。それは、同僚たちがこの状況の変化に対してどう感じているのかを、「Aさんは？」「Bさんは？」「Cさんは？」と、**個別に一人ひとりの感情を推測してみる**ということです（「部下」と十把一絡げにしないことがポイントです）。

「部下それぞれの感情を推測する」ということは、あなたのリーダーシップにどう関係してくるのでしょうか。

上司が陥りがちな思考の代表格は、「部下たちが私に求めているリーダーシップは、こうだろう」と自分勝手に推測して、意思決定をしてしまうことです。一見よさそうに思えますが、実はリスクが高いのです。部下たちの心情を自分勝手に推測して物事を判断する状態では、正確な意思決定はできないと考えた方が賢明です。

たとえるなら、食品メーカーが消費者からの声にまったく耳を傾けず、開発者の推測だけを手がかりに新商品の味付けを決めてしまうようなものです。ヒットするか否かは発売してみないとわからないという、リスクの高い意思決定といえるでしょう。

上司のみなさんはぜひ、推測ではなく直接、部下たちから情報を取って意思決定をしてください。具体的には、**上司としてのあなたに、部下たちが何を求めているのかを直接尋ねる**ということです。つまり、自分から部下たちからの「フィードバック（ここでは、自分のリーダーシップについての意見や評価など）」を取りに行くのです。「以前は同僚だった部下に、どのように対応するのか」という課題においては、会社が実施する多面評価などにおけるフィードバックでは、必要な情報が取り切れない可能性が高いのです。そのため、より「建設的」で「具体的」、かつ「タイムリー」なフィードバックを個別に取りに行く必要があります。

私はこれを「フィードバックを自ら取りに行く」と呼んでいます。

私たちは「フィードバックは、相手のタイミング（人事考課など）で受けるもの」と無意識に思い込んでいます。しかし、ここは考えを改めましょう。**問題を能動的に解決したいとき、相手からのフィードバックを待っていたのでは手遅れになります。**

「必要な情報は、必要なときに自分から取りに行く」という意識の変換が必要です。

しかも上司と部下という関係性の中では、上司が管理者的な役割を担うため、基本的に部下は「受け身」の状態です。受け身な相手からあなたに必要なフィードバックが提供されると考えるのは、いささか虫のよすぎる話です。

◆自分が欲しい情報を具体的に聞こう

「言っていることは理解できるけど、実際、部下からどうやってフィードバックを取りに行けばいいの？」という疑問が聞こえてきそうです。ここで大事なことは、「曖昧な聞き方」をしないことです。

もしあなたが部下だとして、上司から「私のリーダーシップについて、フィードバックをもらえるかな」と聞かれたら、どう答えますか？「いいんじゃないですか」といった、ざっくりした言葉でしか返事ができないのではないでしょうか。これが私の言う「曖昧な聞き方」です。曖昧な聞き方をしてしまうと、相手も曖昧な返答しかできません。

これでは、「本当にあなたが必要としている情報」が入ってこないので、より「具体的な聞き方」をする必要があります。自分が「何」についてのフィードバックを受け取りたいのかを、具体的かつピンポイントに問いかけることが鉄則です。

この項目で取り上げている状況でおすすめなのは、次の2つの問いかけです。

① うまくいっているところは？

② よりよくするためには？

①の「うまくいっているところは？」について、「本当に、部下にそんな質問をしていいのか？」とためらうかもしれません。しかし、ぜひ問いかけてほしいのです。コインの裏表のように、ひとつの物事にはうまくいっている面もあれば、そうでない面もあります。両方公平に、フィードバックを受けたいところです。

例えば元同僚の部下に対して、「私のリーダーシップでうまくいっているところって、どこだと思う？」と具体的に聞きましょう。すると相手は「うまくいっているところか～」と考えやすくなります。その結果、具体的なフィードバックをもらいやすくなるのです。相手がどんなことを「うまくいっている」と捉えているかがわかれば、継続すべきことが明らかになります。

②の「よりよくするためには?」では、1が「うまくいっているところ」なので、逆に「うまくいっていないところ」を聞きたくなりますが、これはおすすめしません。というのも、「うまくいっていないところ」を尋ねれば、当然、あなたはネガティブなフィードバックを受け取るはめになります。その結果、心理的に大きなダメージを受けてしまいます。また、尋ねられた方の部下にしても、上司に対して「ここがダメです」とはなかなか言いづらいので、気まずい空気が生まれてしまいます。結局、建設的に活用できないフィードバックしか取れないことになるでしょう。

そこで私がおすすめするのが、「よりよくするためには、どんなことができるだろうか?」を聞いていくことです。この質問なら、部下も「こうした方が、もっとよくなると思います」と具体的に提案しようという気持ちになります。

このとき気をつけたいのが、この問いかけの「主語」です。**「よりよくするために、私はどんなことができると思いますか?」と、あくまで上司であるあなた自身に向けたフィードバックを取るようにします。**絶対にやってはいけないのは「よりよくするために、『あなた』はどんなことができると思いますか?」と相手に矢印を向けることです。「自分に矢印が向いたフィードバックを取りに行く」という鉄則を、忘れないでください。

すでにお話しした通り、フィードバックは「タイムリー」であることも重要です。例えば、あなたが部下と接していて、相手からネガティブな感情を受け取ったとします。そんなとき、その状態を放置して解決を先送りしてはいけません。できるだけ早いタイミングでフィードバックを取りに行きます。その際、先に紹介した2つの質問を実践しましょう。

フィードバックを取りに行く際には、1対1になれる会議室などを選ぶのがコツです。他者の目になるべくふれない場所の方が、お互いに心理面での安全・安心が確保されるからです。また、「面談」のような格式ばった形では相手の意見がうまく引き出せない場合、ランチに誘って「ちょっと教えて」と、カジュアルな雰囲気で聞くのもいいでしょう。

「どんな環境が、部下たちのモチベーション向上に繋がるのか」「その環境づくりのために、上司である自分に何ができるのか」

こうした視点を持ちながら、あなたのリーダーシップへのフィードバックを、積極的に受け取っていってください。

POINT 6

現場に介入しない

≫ジュニアリーダーを育てる会話

「部下にチームリーダーを任せたのだが、チームがうまくまわっていない。有能なリーダーを育てるには、どうすればいいのか……」

上司なら誰でも一度は頭を抱える問題です。

私自身、コーチとして長年、数多くの上司たちと、この「チームリーダーが育たない」問題に取り組んできました。その経験から、あることに気がつきました。

それは、チームリーダーが育たないのは、**「その上の階層（役職）の上司が、現場に介入しすぎるから」**ということなのです。

組織は階層で成り立っています。正社員なら、一般的に部長、次長、課長、係長……という役職・職位が存在します。雇用形態の違いという点では、正社員以外に、契約社員、派遣社員、アルバイト・パートなどで区別されます。

組織においては、それぞれの部署で働く人々、いわゆる「働き手」をまとめる存在として、上司が任命されます。そして、大人数の「働き手」がいる部署では、その中にいくつかの「チーム」や「ユニット」が置かれているケースも多いと思います。その中で部署全体を統括するような上司を「シニアリーダー」と呼ぶことにします（日本企業なら、部長、本部長、執行役員など）。そして、その部署の中の「チーム」や「ユニット」をまとめる上司のことを「ジュニアリーダー」と呼ぶことにします（日本の企業であれば、課長やチームリーダー）。

あなたがリーダーとしての経験を重ね、会社から信頼を寄せられた場合、シニアリーダーとして複数のチームを統括するポジションを任されることがあると思います。そんなとき、あなたに課せられる新たな役割のひとつが、ジュニアリーダーを育てることです。

ここで、ジュニアリーダーの役割を確認しておきましょう。ジュニアリーダーは、管轄するチームの「働き手」たちをまとめ、チーム全体に課せられている目標を達成することにあります。

そして、このジュニアリーダーの職位を、いわゆる「中級・上級管理職への登竜門」的な位置付けにしている企業が多いようです。一般従業員として雇用された人材が、初めてチームをマネジメントする機会といえるでしょう。

ジュニアリーダーが初めてチームをマネジメントする際、経験や知識不足から苦労して、チームをうまく機能させられないケースも多々あります。シニアリーダーが担う大切な役割のひとつが、そんな経験の浅いジュニアリーダーを育てていくことです。

シニアリーダーの仕事が、ジュニアリーダーと決定的に異なる点は何でしょうか。

ひとつ明らかなのは、管理する「働き手」の人数が格段に増えることです。

ジュニアリーダーが管轄するのは、原則としてひとつのチームです。

しかし、シニアリーダーになると複数のチームを管轄するのが一般的です。

大雑把に言えば、シニアリーダーとして3つのチームを管轄することになった場合、1チームあたりに割ける時間が、ひとつのチームを管理していたときと比べて3分の1に減ります。

要するに、あなたがチームのメンバーと「一緒にいない時間」が以前より増えるわけです。そのため、あなたが一緒にいない時間、チームの運営を安心して任せられるジュニアリーダーの存在が極めて重要になります。

まとめると、**シニアリーダーの大きな役割は、ときに複数のジュニアリーダーに働きかけ、ジュニアリーダーが円滑にチームを運営できるように支援すること**なのです。

◆ジュニアリーダーのやる気がそがれる理由

ところが、シニアリーダーの中には、いまだに**「チームの現場」に直接介入してしまう人が少なくない**のです。現場に介入しがちなシニアリーダーがよく口にする言葉が、「まだあいつにチームを任せるのは早い」「任せたけどチームがまわっていないし、結局、私が尻ぬぐいをするはめになるから」というものです。

確かに、この主張には私も共感せざるを得ないときもあります。しかし、シニアリーダーが現場に介入し続けていると、どうなるでしょうか？ シニアリーダー自身の仕事が無尽蔵に増えていき、部署全体のマネジメントが機能しなくなるときが必ずやってきます。

ここで、私がコーチングをしていた上司の方からお聞きした失敗談をご紹介しましょう。この上司の方は会社の中核となる事業部を任されており、複数のチームを管轄するシニアリーダーでした。この方は、各チームを任せられるジュニアリーダーがなかなか育たないことを悩んでいました。

ゆくゆくはチームを任せたいと、期待をかけているジュニアリーダーが数人はいました。しかし、このシニアリーダーが現場に出ていかないと、チームがうまく機能しないのです。

例えば何か問題が起きると、ジュニアリーダー下のチームメンバーが、直接のリーダーであるジュニアリーダーを飛び越えて、シニアリーダーの彼のところに相談を持ち込んできます。

「○○さん（ジュニアリーダー）に話したんですけど、全然らちが明かなくて困っています」という形で、現場のチームメンバーからジュニアリーダーへの不満が、直接シニアリーダーのところへ寄せられるのが日常茶飯事でした。

シニアリーダーである彼は、チームメンバーの不満を解決したいという気持ちから「そうか。じゃあ、私から言っておくから」とジュニアリーダーに直接指示を出したり、チームメンバーと一緒に現場に同行まですることが常態化してしまいました。

コーチングセッションではこの状況をどう打破すべきか話していきますが、シニアリーダーにまず考えてもらったのは、ジュニアリーダーが感じている「感情」です。

ジュニアリーダーの立場から考えると、自分の直属の部下が自分を通り越して、シニアリーダーに話を持っていくのですから、面子は丸つぶれです。さらに、それを受けてシニアリーダーから直接、自分に指示が出される。「自分の自由にさせてもらえない」「自分の裁量がなくなる」という危機感が募ります。

結果として、ジュニアリーダーのやる気はどんどん失われていきました。これでは「チームリーダーを育てる」以前の問題で話がストップしてしまいます。「チームリーダーが育たない」と悩んでいるなら、あなた自身が現場に介入しすぎていないか、振り返ってみてください。新しいリーダーが育たない原因は、あなた自身が作っていないでしょうか。

◆「手を空けておく」ことも大事な仕事

逆説的にいえば、シニアリーダーは**「現場にできるだけ介入しない」スタンスをとるべき**だ、とも言えます。

「それですむなら、苦労しないよ」とお叱りを受けそうですね。しかし実際、上司が現場に介入し続ける限り、次世代のリーダーは育たないのも事実です。上司は、しかるべきタイミングで「次世代を担うリーダーに任せる」という意思決定をすべきなのです。

私の持論ですが、**経営層により近い役職を任されるようになるほど、「自分の手を空けておく」ことが、とても大切な仕事のひとつになる**のです。

会社にとって重要な意思決定をすべき場面で、現場の実務に忙殺されてその意思決定が遅れ、会社に損失を与えていては、本来の役割を果たしているとはいえません。

シニアリーダーが、その役職に課せられた本来的な業務に集中するためにも、現場の業務をどれだけジュニアリーダーに任せることができるかが重要なのです。

◆ジュニアリーダーを育てる5つのプロセス

「それでは実際、どうやってジュニアリーダーを育てればいいのか？」という疑問をお持ちのみなさんも多いことでしょう。

ここで注目してほしいのが**「体験学習」**です。

体験学習とは、**対象となるジュニアリーダーに実際に手を動かしてもらい、現場で必要な経験を積んでもらいながら、それを上司との対話で振り返り、洞察を得ていくプロセスのこと**を指します。最終的にジュニアリーダーが自分ひとりで状況を判断し、最適な行動をとれることを目的とした手法です。

この体験学習では、次の5つのプロセスを順番に踏んでいきます。

プロセス①　テーマ設定
プロセス②　協働関係の構築
プロセス③　課題の特定

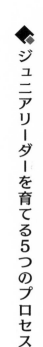

プロセス④　素早い行動と評価

プロセス⑤　自律的な再現性

この5つのプロセスを、2カ月程度の期間をかけて実施すると想定して解説していきます。

プロセス①　テーマ設定

最初に実施したいのは1時間程度の面談です。あなたとジュニアリーダーが対面やオンラインミーティングなど、顔の見える状態で対話できる場を設けてください。

この場ではまず、あなたからジュニアリーダーに望む今後の成長や、その理由などを伝えます。そのうえで、ジュニアリーダーの意向や現状に関する悩み、将来への希望などを丁寧に傾聴して、最終的に成長課題（テーマ）を設定しましょう。1～2カ月程度の期間、対話形式で協働していくことについてジュニアリーダーから合意を得ておきます。

プロセス② 協働関係の構築

最初の1週間から10日間の間は、対話の頻度を大切にしてください。あなたとジュニアリーダーの間の信頼関係を深化させるために、毎日10分程度の対話の時間を持ちましょう。

ここでの目的は、ジュニアリーダーとの協働関係の構築にあり、あなたがこれから一緒にやっていくパートナーであるということがジュニアリーダーに理解されることが大切です。「目標に向かって、今日はどんなことをやってみようか？」といった問いかけや、「今日は何をやってみた？」といった質問をすることで、目標に向かって少しずつ共に進む習慣を作っていきます。

プロセス③ 課題の特定

1週間から10日程度対話を重ねると、話の内容はより個別具体化してくるはずです。例えば課題のテーマが、ジュニアリーダーが今任されているチームをマネジメントする能力を高めることだとしたら、対話を深めていくなかで、次のような話題が具体的に語られ始めることでしょう。

・どんなことがうまくいっていないか
・どんな課題を感じているか
・どんな努力をしているか
・何を目指しているか
・達成を阻害する要因は何か
・不安や不満を感じていることは何か

ここでのあなたの役割は「教えること」ではなく「話を整理する」ことです。「丁寧な傾聴」「復唱」「承認」を意識しながら関わっていきましょう。それによりジュニアリーダーは現状を的確に把握し、思考を整理していくことができます。

プロセス④　素早い行動と評価

課題が特定できたジュニアリーダーの口からは、次のような言葉が出てくるはずです。

・理解が進んだ
・整理がついた

・行動できる気がする

こうした言葉が聞こえるようになったら、実際に行動を起こしてもらうタイミングだと思ってください。ジュニアリーダーには、行動のためのアイデアを自分からどんどん出してもらい、それを実行してもらいましょう。

そして、あなたとジュニアリーダーとの対話も「ジュニアリーダーが行動して、体験したことを教えてもらう」という方向に舵を切ります。次のような会話です。

……………………………………

あなた「今日はどうだった？」

ジュニアリーダー（以下、ＪＬ）「部下の目を見て毎朝挨拶をすることを心がけたんですが、あまり効果があるようには感じられなかったんですよね」

あなた「部下の目を見て毎朝挨拶をすることを心がけたけど、あまり効果があるようには感じなかったということだね？」

ＪＬ「そうなんですよ。ちょっと残念でした」

あなた「そうか。残念だったんだね。目的を達成するために、〇〇さんはこれからどうしたいと思ってる？」

ＪＬ「そうですね、メンバーとの雑談の時間をちょっと増やしてみようと思います。これをやってみて、実は部下のことをあまりよく知らなかったな、ということに気がついたんですよね。今まで業務優先で、指示・命令ばかりしていて、相手の感情とかやる気は軽視していたように思えてきました」

あなた「そうか。じゃ、やってみようか。どんな結果が出たか、また教えてくれる？」

………………………………

ジュニアリーダーが自分で考えて行動を起こすことを尊重し、その体験を共に振り返ることからお互いに洞察を得て、修正していくイメージで関わってみてください。

プロセス⑤　自律的な再現性

このようなプロセスを積み重ねると、ジュニアリーダーは自分で考えた計画に基づいて行動し、望んだ結果を導くという、いわゆる「小さな成功体験」を得ることができます。

その成功体験が積み重なると、ジュニアリーダー自身も自信がつき、あなた自身も「そろそろ大丈夫かな」と感じることでしょう。

最後の仕上げとして、1時間程度まとまった対話の時間をとって、「もし仮に、同じようなことが将来起きたときに、自力で解決できる?」という問いかけをしてみてください。

この問いをきっかけに、ジュニアリーダーはこれまでの体験を振り返り、知見として整理し、自力で課題解決していくための「自分なりの成功法則」を構築していくのです。

POINT 7

役割を実況中継する

「進行役」か「意思決定者」かを明確に伝える会話

会議において、上司が果たすべき役割とは何でしょうか？

実態としては、「司会進行役」として、会議の流れを主導することが多いようです。私も、上司としてチームを統率する立場をこれまで何度も経験してきました。するとなぜか事前の合意もなく、会議が始まると司会進行役は上司である私が任されたような雰囲気になって、結果的に私が会議を主導することが多々ありました。

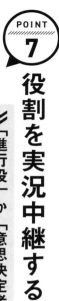

はたして上司は司会進行役を担うべきなのかという本質的な問題がありますが、ここではまず、会議の司会進行役を担った上司が、会議の成果を上げるためにどうすればいいかを考えていきましょう。

司会進行役を担った上司は、会議の参加者から意見が活発に出るように、「〇〇君、これについてどう思う?」「△△君、あの案件はその後、どうなっている?」「◇◇さん、そのアイデアについて、もっと聞かせてくれるかな」などと、ときに部下の話に傾聴し、質問も織り交ぜながら会話を切り盛りしていくことと思います。

会議の前半は、このようなスタンスで司会進行役に徹したとしても、会議が進むにつれ、徐々にそうもいかなくなるという悩みを、上司の方からしばしば耳にします。

なぜなら、**会議が進行するにつれて、部下の発言に対して自分の意見を挟みたくなる**からです。部下の甘い意見に苦言を呈したくなる。こちらの思惑とは違う議論に流れる部下にイライラする。

会議の後半ともなれば、論点の分岐点にさしかかるので、上司としてもさすがに黙っていられなくなるのです。そして、ついに口を挟んでしまう。

「△○君、この前、これを任せただろ? なんでやってないんだよ!」

「◇○さん、アイデアはいいけどさぁ、それを形にして結果を出すのが仕事だろ!」

こんな具合に、気がつくと部下たちに小言をこぼす「嫌な上司」になっている。会議が終わったあとに「しまった……」と後悔した経験があるのではないでしょうか?

◆複数の「役割」を使い分けよう

会議で上司が担う役割は、決してひとつではないと私自身は思っています。司会進行役として会議をスムーズにまわしていくこともあれば、ときには「いち参加者」として意見を述べるのもいいでしょう。

あなたはこのチームの「リーダー」でもあるのですから、「最高意思決定者」として、議題について決定を下すことも、もちろん大切な役割です。

「上司は会議で、司会進行役に徹さなければいけない」と、役割を固定する必要はありません。自在にタイミングを見極めながら、さまざまな役割を担っていくべきでしょう。

会議の中で、上司がその役割を変えていくときに、覚えておくと有効なコツがあります。それは役割を変えるタイミングで**「今、自分は○○という役割で発言しています」ということを、その都度、参加者に伝える**というものです。

第2章の6で紹介した「実況中継のテクニック」を応用するのです。

例えば、これまであなたは司会進行役に徹していましたが、参加者の間で意見が割れて、このままでは建設的な意見が出そうもない、という状況になりました。そんなとき次のように発言するのです。

「ごめん、ちょっとこれに関しては意見が割れているけど、私が意思決定者として、どうするかを決めさせてもらうね」

あるいは、参加者からいろいろアイデアが寄せられて、自分も意見を述べたいという状況では、次のように発言します。

「今日は基本的には司会進行役としてこの場にいるけど、この案についてはいち参加者として、意見を言わせてもらってもいいかな」

このように状況に応じて自分の役割を変え、それを実況中継によって参加者に伝えていけば、「今○○さんは△△の立場で意見を述べているのね」と理解してもらえます。

余談ですが、こうした実況中継のテクニックが非常にうまいと私が思っているのが、アナウンサーでタレントの古舘伊知郎さんです。

以前、キャスターをされていた「報道ステーション」で、専門家の方がゲスト出演されていた際、「先生、このテーマは、私がテレビを見ている視聴者だとすると、あまり身近ではない内容だと思うので、そういった方にもわかりやすいように、嚙みくだいてお話しいただけますか」といった発言をされていました。この言葉を聞くたびに、「古舘さんは、『役割を明確にした実況中継』がとてもお上手だな」と思ったものです。

会議での役割を変えるときに、言葉で実況中継をするだけでなく、**視覚的にも「役割が変わった」ということを示す**のもおすすめです。

具体的には、体の向きを変えたり、座る位置や立つ位置を変えるのです。

例えば会議の席ですが、上司だからといって、いつも上座に座る必要はありません。「演じたい役割」に応じて、座る席を変えてみる。または、立ち上がって会議室の中を歩いてみることもできるでしょう。

一対一の個別のミーティングの場合、対面に座る以外にも選択肢があります。例えば斜め向かいに座って、真正面からの視線を回避するのもひとつのやり方です。ときには隣り合わせに座って、親近感を演出することもできるでしょう。

私もコーチングセッションでは、そのときの話題や空気感によって座る位置を意図的に変えています。自分が権威的な役割を演じたいとき、柔らかい空気感を出したいとき、クリエイティブな議論をしたいときなど、用途に合わせて場所を選ぶという能動的な選択をしています。

こうした「視覚的に役割の違いを見せる」方法は、リアルな関わりだけではなく、オンラインでのミーティングでも活用できます。

オンラインミーティングでは、カメラの正面に座って会話をするしか選択肢がないように思いがちです。しかし、司会進行役として関わるときはカメラの中央に座り、少し柔らかい雰囲気を出したいときには、カメラの中央を避けて画面の少し脇の方に座り直すなど、ウェブカメラの画面の中で自在に動き回ってみるのもおすすめです。

このように、聴覚（実況中継の言葉）と視覚の両面から、「役割の変化」を示すことで、話し手は気持ちの切り替えができますし、受け手にも「話し手の今の役割」が明確に意識されるのです。

◆「1枚のお皿」がいつも回っているように

会議が実りあるものになるように、上司はそのタイミングに応じて複数の役割を担っていくべきでしょう。ただしその一方で、会議の間、上司が最後まで貫き通さなければならない「役目」もあると私は考えています。

それは、大道芸の皿回しのように、「棒の上に皿が1枚きれいに回っている状態を保つこと」です。大道芸では複数の皿を回すものもありますが、会議の場合、回す皿（つまり、議論するテーマ）を「1枚」に限定するイメージを持つことが重要です。

具体的には「ひとつのテーマ（1枚の皿）」について参加者全員で議論できているかを、上司は常に管理しなくてはならない、ということです。

「1枚の皿」がきれいに回っている限り、上司は邪魔（過剰な干渉）をしてはいけません。一方、急に皿の回りが弱くなったと感じたら、本来の勢いを取り戻すべく、加勢すべきです。また、議論しているうちに、余計な皿（テーマ）が2枚、3枚と現れてきたら、今度は不要な皿を取り除くイメージで「このテーマは、後で議論しよう」「そのテーマは今、取り上げるべきではない」と、議論の交通整理をしていきます。

このように、議論の内容や方向がぶれることなく、常に「ひとつのテーマ」について、参加者全員が議論している状態をキープするよう目配りをします。

これこそが、上司が会議で果たすべきもっとも重要な役割なのです。

POINT 8

部下の変化曲線を把握する

»「抵抗する部下」に変化をもたらす会話

「前の上司のときはよかった」

こんな言葉を部下から聞くのは、どんな上司にとっても心が傷つく体験でしょう。

しかし、部下がこうした言葉を口にするのは、あなたのやり方に何らかの不満があるという意思表示だったりします。こんなときは敏感にアンテナを立て、何が起きているのか、内情を察知しなくてはなりません。

これと真逆の行動が、「私が新しくこのチームを任されたのだから、私のやり方を受け入れてほしい」と、上司が自分のやり方を一方的に押しつけるやり方です。

これではお互いが自分の言い分を主張する水かけ論になり、部下の上司に対するリーダーシップへの不満はますます募りかねません。さらに、メンバーひとりの問題にとどまらず、最終的にチーム全体にマイナスの影響を及ぼしかねません。

部下、上司、そしてチーム全体にとっても、前に進むには、その部下の主張をしっかり受け止めることが重要です。その部下から話を聞く場を設けて、**前の上司のときの「よかった」部分の内容についてより具体的にヒアリングしていく**のです。

このヒアリングに、前のめりに乗り気になる上司はあまりいないでしょう。他の上司と比較され、かつ優劣をつけられるのですから、誰しもいい気はしません。ただ、チーム全体が結果を出していくためには、「事実」をしっかり確認しておくことは欠かせません。「きっとこういう部分が『よかった』のだろう」などと「曖昧な推測」ですませる局面ではありません。

◆「変化」を受け入れるまでの4つのステージ

こうした言葉を口にする部下は、現状では上司に対して頑なな態度をとっていることでしょう。その部下にいきなり「話を聞かせてほしい」といっても、すんなりと腹を割って話してくれることは期待できません。

そもそも、話を聞く場を設けること自体が部下から抵抗されるかもしれません。

そこで、覚えておいてほしいのが**「変化曲線」**です（次ページの図参照）。

これは、アメリカの精神科医であるエリザベス・キューブラー・ロスが示した「死の受容プロセス」（自分の死期が迫っていることを知った人が、その死を受け入れるまでの心の動きを５つの段階で示したもの）をベースに、組織で起こる「変化」を人がどう受け入れていくのかを示したものです。

人は「変化」に対して、次の４つのステージを経て受け入れていくとされます。

ステージ①　拒絶（自分には関係ない）
ステージ②　抵抗（自分は受け入れない）
ステージ③　探究（受け入れる）
ステージ④　決意（変わることを決める）

ビジネスパーソンにとって「上司が変わる」のは、非常に大きな「変化」です。

特に、前の上司への信頼がとても厚く、一方で新しい上司の印象がよくないと、そ

変化曲線

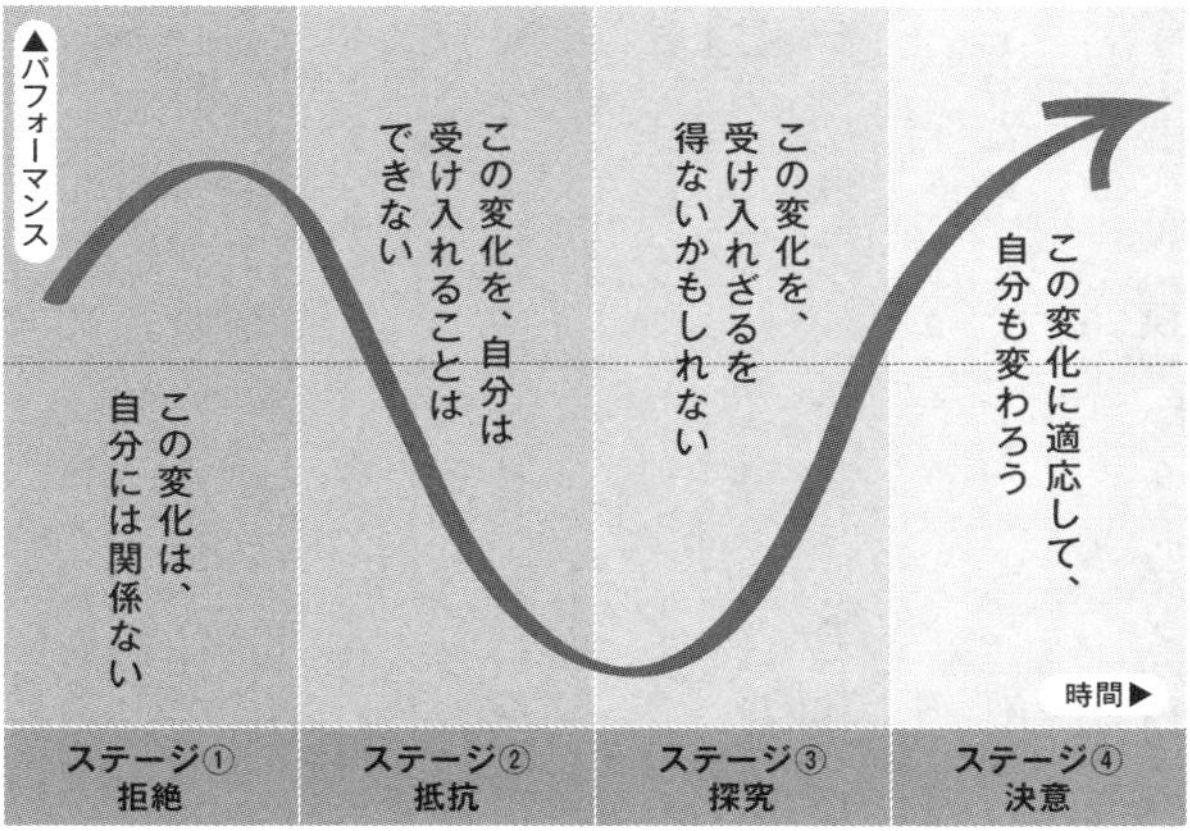

▲パフォーマンス
この変化は、自分には関係ない
この変化を、自分は受け入れることはできない
この変化を、受け入れざるを得ないかもしれない
この変化に適応して、自分も変わろう
時間▶
ステージ① 拒絶
ステージ② 抵抗
ステージ③ 探究
ステージ④ 決意

の「変化」はその部下にとってネガティブに作用します。

そのため、新しい上司や、上司の交代にともなって起こるさまざまな変化に対して、部下はまず**「拒絶」**という反応を起こします。この拒絶は言葉を替えれば、変化を「無視する」ことです。部下は「この変化は自分には関係ないことだ。自分はこれまで通り、淡々と目の前の仕事をこなしていこう」という態度をとります。

しかし、たとえ自分は「拒絶」という姿勢を固持していても、自分のまわりでは新しい上司の下で着々と「変化」が進みます。まわりのメンバーたちも徐々にそうした変化に対応し、新しい上司の下で抵抗なく仕事を進めていきます。

そうした中で、起きやすいのが**「抵抗」**という反応です。まわりが変化に適応していけばしていくほど、本人はどんどん頑なになってしまう。「自分はこの『変化』を決して受け入れないぞ」という思いから、さまざまな抵抗を試み始めます。

すると、新しい上司を含めてまわりとの衝突も起き始めます。従来のやり方が通用しない局面が生まれて、上司やまわりのメンバー、さらには自分の置かれた状況などに対して、怒りやイラ立ち、悲しみ、怖れといったさまざまな感情を抱いて、不安定になりがちです。そのため「抵抗」のステージでは、仕事のパフォーマンスも落ちてしまうのです。

しかし、こうした状況にもしばらくすると終止符が打たれます。

頑なに抵抗を続け、それにともない心理的にもパフォーマンス的にもどんどん底まで落ちたとき、少なからずの人の心の中で「この『変化』は、受け入れざるを得ないのかもしれない」という気持ちが生まれるのです。

すると次は**「探究」**という方向に進みます。つまり、新しい『変化』を受け入れる方向にシフトするのです。そして「自分はこれから、どうしたらいいのだろうか」と考え始めるようになります。そうした思考が深まっていくと、「この変化に適応して、自分も変わる」という**「決意」**にようやく至るのです。

こうした「探究」→「決意」という流れの中でネガティブな感情も徐々に減っていき、物事を前向きに考えるように変化します。仕事のパフォーマンスも次第に回復して、変化を受け入れる決断をした後には、以前よりも高いパフォーマンスを発揮することもあります。

◆聞く耳を持たない部下へのアプローチ

部下から「前の上司のときはよかった……」という発言が出たとき、その部下はおそらく、**変化曲線の「拒絶」もしくは「抵抗」のステージにいる**と考えられます。

現在の変化に対して、「自分には関係ない」と無視の態度を決めているならば「拒絶」のステージに、変化を頑なに拒み、まわりと衝突しがちであれば、「抵抗」のステージにいる可能性が高いです。

先ほど、「話を聞かせてほしい」といっても、頑なな姿勢の相手に対しては、簡単なことではないと述べました。特に「拒絶」のステージでは、それが顕著です。

その際、上司が直接、話を聞こうとしても、取り付く島もなく断られる可能性が高いでしょう。そのときは、誰か違う人、例えば同じプロジェクトを遂行している仲間やその部下の前の部署の上司などに代わりに話を聞いてもらうのもいいでしょう。また、相手が「忌憚なく話しても大丈夫そうだ」という心理的な安全を感じるためには、少し時間がかかると想定して、一度の会話ですべての課題を解決しようとするのではなく、話を聞ききるためだけの対話や、双方でブレストする時間など、目的を明確にして、複数回に分けて傾聴するやり方が有効です。

一方、「抵抗」のステージにいる部下に対する傾聴のポイントは、「感情を聞く」ことです。このステージでは先述のように、部下に怒りや怖れといったさまざまな感情が出てきます。今、相手が感じている感情にしっかり耳を傾けていくことが大切です。

ここでは事例を挙げて比べてみましょう。まず、やってはいけない悪い例からです。

……部　下「○○さんのやり方は受け入れられません。今まで、そんな報告なんて必要なかったのに、なんでそんな面倒くさいことをやらなくてはいけないんですか。前の上司の方が全然よかった……」

上司「ウチの会社にいる限り、上司が入れ替わるのはわかってるよね。上が変わればやり方が変わるのは当たり前。むしろ、そんなことを言っていたら、ウチの会社、いや社会ではやっていけないぞ！」

…………………………

まさに取り付く島もないような会話ですね。ここで大切なのは、部下の感情を聞くことでした。今度は、感情を聞いていく会話の事例です。

…………………………

部下「○○さんのやり方は受け入れられません。今まで、そんな報告なんて必要なかったのに、なんでそんな面倒くさいことをやらなくてはいけないんですか。前の上司の方が全然よかった……」

上司「そうだったんだね。教えてくれてありがとう。これはとっても大切なことだと思うから、もう少し詳しく話を聞かせてもらってもいいかな？」

部下「前の上司のときは、私たちを信用して仕事を任せてくれたし、私たちに報告させるのではなくて、上司の方から、必要なときに進捗を聞きにきてくれたんですよ。なんで同じやり方じゃダメなんですか？」

上司「そうなんだ。前の上司はそんなふうに対応していたんだね。今話してみて、どんなことを感じているか教えてくれる？」

部下「そりゃ、イライラしますよ。面倒くさい仕事をいちいちやらされてるわけですから」

上司「確かにそうだね。他にも感じていることはある？」

部下「ちょっとガッカリな感じもあります。なんか私は信用されていないのかなと思うと悲しくなります」

上司「そんな気持ちにさせていたんだね。それは申し訳なかった」

部下「そう言ってくださると、多少、ラクになります。私もちょっと言いすぎたかもしれません」

……………………………………………………

こんな具合に、相手の「今の感情」を聞いていきながら、前の上司の「よかった」についてもしっかりとヒアリングしていきます。

◆自分を変える必要はない

部下とのこのような対話を通して、部下の口から直接「前の上司のよかった点」を聞き出すことができました。

その際、その言葉を真正面から受け止めて、「前の上司のやり方を踏襲して、あなた自身のやり方を全面的に変える」なんてことは、まったくする必要はありません。

この部下との対話の目的は、相手の話を聞くことです。だから、**基本的には聞くだけでいい**のです。ただ、それでは物足りなければ、

「どうしてほしい？　変えてほしいところを具体的に言ってくれたら、こちらも検討する」

と、上司から働きかけるのもひとつの手です。

そこで部下が具体的な要望を提案してくれたのであれば、それを実行して効果を検証してみましょう。「これはいけそうだ」と判断できたら、「では、○○さんが提案してくれた形に変えていこう」と、具体的に落とし込んでいけばいいのです。

一方で、部下から具体的な要望がない場合、「じゃあ、『こうしてほしい』というのが具体的に見えてきたら、改めて教えて」と、いつでもこちらは「扉」を開いていることを伝える。こうすれば、部下に「ボール」を渡したことになります。

いずれにしても、こうした局面で上司であるあなたに求められるのは、**部下の主張に対して一貫して聞く耳を持つ態度**です。チーム全体がよりよい方向に進んでいくためならば、上司である自分も「変化」する意思があることを部下に伝えていく。

上司のこのような姿勢が変化を拒む部下に伝わることで、その頑なな態度を解きほぐし、「探究」、さらには「決意」へと導くことになるのです。

POINT 9

共に働ける能力を高める

≫最低限「やりくりできる状況」を目指す会話

私の知り合いのある上司は、急ピッチで事業が拡大しているベンチャー企業で事業部長を務めています。あるとき、その部署内で起きたメンバー間の不仲問題に手を焼いた経験について話してくれました。

その不仲問題とは、新規に採用したチームリーダーと、もともといたメンバーとの間に不和が起きて、業務に支障をきたすようになったというものです。

このチームリーダーは、もともと大企業での管理職の経験がありました。そのせいか、

「組織にはヒエラルキー（階層）がある。さまざまな社内ルールを遵守して、決裁を受けるためには稟議書を回覧して……」

と、組織のルールを重んじるタイプです。

かたや転職先のベンチャー企業は若手の従業員が多く、組織もフラット。自由な社風が特徴でした。稟議書を回覧する習慣などなく、社内ルールもさほど厳格ではない環境です。

そんな中で、新しいチームリーダーは「そんないい加減なやり方ではダメだ！」と強い不満を持ち、「きちんと報告しろ！」「勝手に進めるな！」と何かにつけ高圧的に部下に指示・命令を出すようになりました。

もとからのメンバーにとって、新しいチームリーダーの言動はたまったものではありません。「この人のせいで、仕事がどんどんやりにくくなる」という不満が募ります。

メンバーがチームリーダーの指示・命令に反発し始めると、チームリーダーも自分の指示・命令を受け入れないメンバーたちに、「仕事なんだから、もっときちんとやってくれよ！」とイライラが溜まります。まさに悪循環です。

まったく異なる「企業文化」で育った者同士が「自分のやり方が正しく、相手のやり方は間違っている」と主張し合い、互いに一歩も譲らない状況です。

上司はこの状況に対して、すぐに行動しなくてはなりません。

「時間が解決してくれるだろう」と高をくくって放置するのは、もってのほかです。相談を受けても、「大人なんだからさ、そういうことはお互いの間で解決してよ」と当事者に任せては、状況は間違いなく悪化します。手遅れになれば、チームは崩壊します。

仮に、上司であるあなたが両者の対立に何も手を打たなかった場合、当事者間の問題解決を先送りするだけでなく、第三者的な立場のメンバーたちからも、「こんな状況になっても何もしない上司って、どうかと思う」と一気にマイナスの評価が下されることでしょう。「この人に頼っても無駄だ」という烙印を押されかねないのです。

「介入」するときに大事にしたい2つのポイント

それでは、不和を起こしている双方に上司が実際に「介入」する際、気をつけるべきことをお伝えしましょう。ポイントは大きく2つです。

ひとつは、**「正否を判断しない」**ということ。

「どちらが正しくて、どちらが間違っているか」を上司がジャッジしたところで、両者の関係修復には役に立ちません。

第2章の7でも紹介したアメリカの心理学者で、長年にわたり安定的な結婚生活などについて研究しているジョン・ゴットマン氏によると、「夫婦間にある69パーセントの問題は永遠に解決しない」といいます（出典：『結婚生活を成功させる七つの原則』第三文明社　妻のナン・シルバーとの共著）。

この69パーセントという数字は、夫婦間の問題についてです。例えば宗教の問題や子育ての方法などは、明確な正解は存在せず、嗜好や信条があるだけだということです。

私はこの69パーセントという数字は、夫婦間だけに適用される問題ではなく、職場におけるチームの人間関係においても当てはまると考えています。

それなのにどちらが正しいかを必死にジャッジし、どちらか一方を言い負かすようでは、チーム内の人間関係はいとも簡単に破綻してしまうでしょう。

もうひとつのポイントは、**上司が介入する際、両者の「不仲を解消する」ことを目**

指す必要はないというものです。

「それでは、介入の意味がないのでは？」と思うかもしれません。実際、上司が仲裁する局面では「お互いに仲よくやろうよ」という働きかけをしがちです。しかしチームには何が求められているでしょうか？「仲のよさ」ではなく、あくまで「業務上の成果」です。

上司に覚えていてほしいのは、不仲であっても、業務上の連携がチーム内で最低限とれていて、合格ラインの成果が出せていれば、仲のよさは不問だということです。

これは私の経験上の持論ですが、上司が両者の不仲問題に介入するにあたって目指すゴールは、お互いが**「やりくり」し合える状況**を作っていく、ということです。

「強いチームづくり」に欠かせないもの

上司が常に考えるべきは、この「やりくり」するという能力をチームレベルで高めていくことです。ここから先は、「やりくり」する能力を、**「共に働ける能力」**と言い換えていきます。

チームスポーツでは、「共に働ける能力」は、勝つために必須のスキルです。

私が聞いた、あるサッカーチームの内情をお話ししましょう。ある選手のところにボールがまわってきました。その選手の先にいるチームメイトにパスを出せば、確実にゴールが狙える絶好のチャンス。しかし、その選手はチームメイトにパスを出しませんでした。

その選手に後日、なぜパスを出さなかったのか確認したところ、「あいつ（チームメイト）は嫌いだから、あいつのシュートチャンスに繋がるパスなんか出してやらない」という発言がありました。

つまり、チーム全体の目標達成よりも、不仲なメンバーに対する意地悪を優先してしまっているのです。

「共に働ける能力」が低いチームでは、このような現象が起こります。これはスポーツの世界に限らず、ビジネスの世界においても同様です。

私が企業向けに実施しているチームビルディングでは、仕事ができる能力、いわゆる「業務遂行能力」と並んで、「共に働ける能力」を、チーム力を測る物差しとして用いています。

私自身、これまでさまざまな組織のチームビルディングに関わってきました。そこでつかんだことは、**優れたチームには能力的に優れた個人が存在するだけではなく、チーム単位で「共に働ける能力」が極めて高い**ということです。

野球やサッカーでも、いわゆる「オールスターチーム」が必ずしも優勝するわけではありません。個人としては優秀な選手をただ集めただけで、「共に働ける能力」が低いと総合的なチーム力が劣るのは、みなさんも感覚的にわかるのではないでしょうか。

上司には、チームメンバーの「共に働ける能力」を醸成するための「旗振り役」が求められているのです。

リーダーはよき仲介役たれ

ここまで、チームとしての「共に働ける能力」について話してきました。

この能力を開発できるかどうかは、リーダーであるあなたの手腕にかかっていると言っても過言ではありません。もしあなたがチームの「共に働く能力」を高めたいと願うなら、積極的に選択すべき役割があります。

それは、**「メディエーター（「仲介者」「調停者」）」**です。

メディエーターとは、「メディエーション（仲介）」という紛争解決の手段において、紛争中の二者の間に中立的な立場で入り、自分の意見や判断などを挟むことなく、両者の対話を促すことで双方が納得する解決に至るように支援する役割を担う人です。

メディエーターが間に入ることで、直接、当事者同士で話し合うよりも、冷静かつ客観的に相手の言い分に耳を傾けることができます。その結果、双方にとって納得のいく解決が得られやすく、感情的なしこりを残しにくい解決方法だといわれています。

チーム内の「不仲問題」への対応でも、当事者同士での対話では解決が困難と判断した場合には、上司がメディエーター的な形で介入することが有効です。

まず、不仲問題の当事者の2人と上司のあなたが話す機会を作ってください。

会話の進め方について、次の具体例を見てください。

…………

上　司「今日2人に集まってもらったのは、最近、2人の関係がうまくいっていないように見えていて、それについて話したいと思ったからなんだ。どっちが悪いという話ではなくて、今日は2人から平等に話を聞かせてもらう機会にしたいと思っているので、まず、何が起きているのか、それぞれ教えてくれるかな？」

部下A「はい。私は半年前にこの会社に入社してからいろいろと見ているんですが、とにかく報告も足りないし、情報共有も足りないので、業務効率が悪すぎると思ってるんですよ」

上司「Aさんはそんなふうに思ってるんですね。**（復唱）**わかりました。Bさんからも教えてもらえる？**（傾聴）**」

部下B「Aさんはそうやって言うかもしれないけど、今までそういうやり方でやってきたし、それで問題が起きたことはなかったので、言ってることがちょっとわからないんですよね」

部下A「ほら、すぐそうやってごまかそうとする……」

上司「Aさん、ちょっと待ってね。まだBさんが話しているから、Bさんの話を一回聞きましょう。Bさん、続けてください**（傾聴）**」

部下B「はい。報告することは当然大切ですけど、でもウチはAさんがいたような大企業ではないし、たった6人の部署なわけで、その都度、話をすればそれですむと思うんですよね。逆に、メールで報告みたいなことが効率を悪くさせてると思います」

上司「そうか。2人とも教えてくれてどうもありがとう。2人の見解には大きな違いがあるみたいだね。今日はこのことについて、どうやったらお互いに納得して仕事ができるかということを話していこうと思います。ただ、2人は直接話さないで、意見があったらまず私に伝えてくれるかな?」

....

不仲の当事者である2人の間に入って、直接対話すると決裂しそうな関係性の中に、より客観性の高い第三者として自分が介入することを宣言します。ここから、双方の言い分を傾聴して、復唱する形でもう一方の当事者の耳に入れる。これがメディエーションの基本的な方法です。

そうすることで、当事者の感情が過度に高まることを抑制し、相手の言葉をより冷静に聞き入れながら会話を進める環境を整えられます。

上司「そうか、Aさんは前の会社での経験から、社内での連絡をしっかりとった方が最終的に効率も上がる、ということを言ってるんだね（要約）」

部下A「会社は組織ですからね。趣味のサークルじゃないんで、そういう決まり事っていうのはあって当然だと思います」

部下B「そんなめんどくさいこと、やってられないですよ！　なんなんですか、いちいち」

上司「Bさん、できたらAさんに直接言わないで、私にまず教えてくれるかな？」

部下B「あ、はい。今までもずっと私はこの部署で仕事をしてきて、私のやり方でなんの問題もなくやってきたんです。それなのにAさんが来た途端、文句をいろいろ言われて、なんか全然楽しくなくなっちゃいました」

上司「Aさん、今のBさんの言葉を聞いて、どんなことを感じますか？」

部下A「仕事だから、楽しいとか、そういうことじゃないと思うんです。成果を上げなきゃ意味がないわけで」

上司「成果を上げなきゃ意味がないと。Bさん、それを聞いてどう思う？」

……………………

部下B　「全然納得できません！　仕事は数字がすべてじゃないと思うんですよね。というか、ちょっと古くないですか？　その考え方」

上　司　「ちょっと古い。Aさん、どう思いますか？」

部下A　「そう言われると心外ですね。私は今までこれで成功してきたんだから」

ここまでの会話で、ポイントとなる点を解説しましょう。

まず、上司は**不仲の部下同士が直接話す機会をなるべく回避**させています。これにより、当事者同士が過度に感情をたかぶらせ、喧嘩したり、決裂するリスクを下げています。

さらに、中立的な立場をとることで、**両者の主張を顕在化し、双方が冷静にお互いの主張を聞く場を提供**しています。

このようにして、双方の意見や見解がある程度顕在化したタイミングで、上司は次のように会話の舵を切ります。

……

上　司　「今の2人の話を私なりにまとめると、仕事の報告の仕方を話していて、それについてお互いの意見が異なっているよね。そして、仕事の意味は数字なのか、楽しさなのか、という議論もあった。**（要約）**
　2人の経験も見解も違うから、もしかしたら根本的な解決は難しいかもしれないけど、私が2人に期待しているのは、意見を戦わせることではないんだ。お互いに協力しながら、チームの目標に向かって進むことなんだけど、それについて2人はどんな協力ができそうかな？」

要約のスキルを活用しながら、これまでの会話の要点を総括し、2人への「期待」という言葉を使って、チームとして目指す未来の方向性を指し示しています。

このようにして、チーム内でお互いが「やりくり」し合える状況を作るのも、上司の大切な役目です。

チームの「共に働ける能力」を開花させていくことに繋がります。

上司であるあなた自身が、第三者的な客観性を持って関わることで、より建設的な話し合いの場が生まれる。この解決方法を、ぜひ覚えて実践してください。

POINT 10

制約を外した質問をする

ベテランの右腕の成長を促す会話

あなたのチームにはどんな人材がいるでしょうか。もしかしたら、本書ではなかなか扱ってこなかった、いわゆる**「右腕」と呼ばれる、安心して仕事を任せられる頼もしい部下**も何人か存在するのではないでしょうか。そんな頼もしい「右腕」的存在の部下と、あなたはどのくらいコミュニケーションをとっていますか？

私が実際に上司にコーチングをしていると、こんな発言をよく耳にします。

「林さん、ウチは経験の浅いメンバーが多くて、彼らのことをフォローするので精一杯なんですよね。ひとりだけ、右腕的に任せられる部下はいるんですけど、その人だけでは戦力として足りなくて……」

上司の頭の中で優先度合いが高くなりがちなのが、経験の浅いメンバーの育成や、喫緊の問題・課題への対応だと思います。これを言い換えると、信頼できる「右腕」人材を結果的に放置している、とも言えるのではないでしょうか。

経験の浅いメンバーの指導や育成に、上司がより多くの時間とエネルギーを割かねばならないのは理解できます。任せて安心な「右腕」部下は、上司が何も言わなくても先回りして仕事をしてくれるので、放置気味になるのもある意味やむを得ません。

ではここで、少し視点を変えて見てみましょう。

もし、あなたがその「右腕」部下だったとしたら、こうした上司のふるまいはどう見えるでしょうか。自分より経験が浅く、スキルが低いメンバーの育成を優先すべきというチームの事情には一定の理解を示すでしょうが「こっちは先回りして、上司の仕事をかなり助けているのに、感謝の言葉すらない」といった不満がくすぶったりしないでしょうか。

上司が「右腕」部下を放置するリスクについて考えてみましょう。

それはずばり、**バーンアウト（燃え尽き）と離職のリスク**です。業務に熟達し、経験も豊富な「右腕」部下は、**仕事に対する高い成長意欲**を持ち続けているものです。

それなのに上司から放置されて、自らの成長意欲が満たされない状態が長期化すると、モチベーションが著しく低下し、いわゆる「バーンアウト」状態に陥ります。「この職場では、これ以上成長できない」という不満や見切りから、退職を決意するリスクもときに生じます。

「こんなに尽くしているのに、自分はないがしろにされている」という怒りの感情を上司に対して抱くこともあるでしょう。

こうしたリスクを防止するために、上司であるあなたは何をすべきでしょうか。

答えはシンプル。**直接、本人に「どんな仕事をしたいのか？」と問いかける**のです。能力が高い人ほど、自分の裁量で働きたいと考えます。能力が高い人とのコミュニケーションでは、指示・命令ではなく、コーチングを活用したいわゆる共創型の対話を心がけましょう。対話の場で、おすすめしたいのが次の質問です。

「もし仮に、何の制約もなかったら、何をしてみたいですか？」

未来志向で、現状の制約条件を一度すべて外して、自由にアイデアを引き出すのにとても有効な質問です。イメージしやすいように、会話例を挙げてみましょう。

上司「今日は時間をとってくれて、どうもありがとう。一回きちんと話をしておきたくてね。いつも、期待以上の仕事をしてくれて、どうもありがとう。なかなかこうやって話をする機会も持てなかったから、今日は少し今後のことなどざっくばらんに話ができればと思って、時間をとってもらったんだよね」
部下「どうもありがとうございます」
上司「もしよかったら、今任せている仕事のこととか、今後どんな方向でキャリアを考えているかとか、聞かせてもらえる？」
部下「そうですね、今の仕事には満足してます。基本的に、全部任せてもらっているし、それで成果も上がっているので、その部分は満足してます」
上司「そうなんだね。満足してくれているというのを聞いて、少しほっとしたよ。こういう話すらする時間がなかったからね。悪いと思ってる」
部下「ま、しょうがないですよ。お互い忙しいですし」
上司「ちょっと先のことなんだけど、これからのキャリアを考えたとき、どんなふうに成長したいとか、何か新しい挑戦をしたい、といった希望があったら聞かせてほしいんだけど、どうかな？」

部下「そうですねぇ、ちょっと考えつかないですけど……」

上司「今の仕事や現状を少し置いておくとして、もし仮に何の制約もなかったら、○○さんはこれからどんなことやってみたいの？」

部下「何の制約もなかったら、ですか？　そうですね、『若手の教育』っていう部分に関わってみたいですね」

上司「若手の教育をやってみたいんだね。それは素敵だね。よかったらもう少し詳しく聞かせてくれる？」

部下「まぁ、何の制約もなかったら、という話なので、そんな状況にはなかなかならないと思いますけどね」

上司「確かに。若手の教育って、例えばどんなことを言ってるのかなぁ？」

部下「結局、今のうちの部署だと、その場その場での対応に追われるじゃないですか。それで、いつも忙しくて。それが部署としてナレッジとして溜まっていかないから、いつも同じことを教えなくてはいけないんですよね。それをナレッジとして共有化して、システム化することができたら、効率も上がると思うんですよね」

上司「なるほど、それはいい考えだね。さっき何の制約もなかったら、という話をしたけど、中長期的にそういう仕事を任せていく、というのはどうかな？」

部下「仕事量的に今は難しそうですね」

上司「そうだよね。例えば、今の業務の一部を徐々に誰かに引き継ぐようにして、若手の教育に関することを少しずつでいいから仕事として着手してみる、というのはどうかな？　私も協力するから」

部下「それは私としても興味あるところです。例えば、こんな形だったらできるんじゃないかというアイデアが実はありまして……」

◆現状の枠を外す質問をしよう

この「もし仮に何の制約もなかったら、どんなことをしてみたいですか？」という問いは、**「未来」を想定した質問**です。

私たちは過去の経験や、現状のさまざまな条件・制約などを基準にして、「できる・できない」を判断してしまいがちです。過去や現在にとらわれるあまり、自分の可能性を限定してしまうのです。この会話例でも、現状の業務量を考えれば、部下には余裕がありません。通常ならば「新しいことをしてみよう」という気分にはならないと思います。

そこで、未来を想定するこの質問フレーズによって、部下の「思考」を制限している「枠」を一度取り外し、より柔軟な発想やアイデアが生まれやすい状況を作っていくのです。

優秀な「右腕」部下の思考を制限する枠を外すことができれば、抜本的な改革に繋がるアイデアが生まれたり、上司から見えていなかったチームの課題があぶり出されることもあるでしょう。「右腕」部下のモチベーションも上がり、チーム全体がレベルアップするきっかけになる可能性も秘めているのです。

上司の次なる使命は、「右腕」部下から次々と出てくるアイデアの中で、実現可能性のあるものを、一緒に選んでいくことです。例えば、次のような流れです。

上司「そうなんだ、アイデアがあるんだね？」

部下「はい。ずっと考えていたんですが、問題が起きたときにその都度、解決するんじゃなくて、社内でその事例をまとめて、よくある質問集みたいなものにまとめておくといいんじゃないかと思うんです。その担当者を雇っていただければなと」

上司「それはいいアイデアだね。確かに、専任の担当者がいれば一番いいよね」

部下「そうですね。結局、こういう業務は担当者がいないので、いいアイデアだと思っても、誰も手をつけなかったりするんですよね」

上司「誰がやるのか、ということが決まっていないから実現しない、っていうことを言ってるんだよね？」

部下「そうですね」

上司「担当者を今すぐ雇うのは難しいと思うんだけど、これを今いるメンバーで少しでも実現させる方法って何かないかなぁ」

部下「正直、難しいと思います」

上司「確かに。完璧にやろうとするとなかなか難しいとは思うんだけど、何か少し、実験的に着手できることはないかな？　最終的にプロジェクト化するときには、担当者をアサインするなど考えるので、そこは心配しなくてもいいからさ」

部　下「例えば、私のアイデアを部下に話してみて、実際に必要性を感じているかをヒアリングするぐらいはできるかもしれないですね。そこでまたお時間とっていただいて、今後の可能性を検討するような形はいかがでしょうか」

上司「それ頼めるかな？」

部　下「もちろんです」

……………………………………………………………………

◆どの世代の部下にも「成長したい」欲求がある

この対話の中で、「右腕」部下が自らの言葉と思考で、自分の興味がわく活動を特定し、具体的な行動にコミットしていくプロセスが起きています。マンネリ化しがちな日常に、こういった対話は非常に強い刺激となります。

私は幅広い年齢層の方々にコーチングを行っています。ときには、「あと数年で定年退職」という方が相手のこともあります。そうした方々の中には、「定年間近の私が、なんで今さらコーチングなんかを受けなければいけないんだ」と、苦虫を嚙みつぶしたような不機嫌な表情でコーチングに臨まれる方もいらっしゃいます。

ところが、コーチングによる対話を続けていくうちに、ご自分の中でさまざまな気づきが生まれます。表情もイキイキとどんどん変化し、コーチングの後半になると、「これとこれに取り組んでみようと思います。なんか、定年までの残りの時間が楽しくなってきた！」という前向きな発言が飛び出します。まさに、スイッチが入った瞬間です。

すべての人の中に、「学びたい」「成長したい」という欲求が眠っているのです。上司は部下の眠れる欲求に火をつける、大切な役割を担っていることを忘れないでください。

第4章

板挟みで動けない……に効く！

会社と部下の重圧から脱する会話

POINT 1

巻き込む力を磨く

自分の上役を味方につける会話

この章では、これまでの「チームを率いる」という視点をさらに拡大して、「会社全体から上司に求められている役割」についてお話ししていきます。

上司のあなたにも、当然、あなたの業務を管掌するさらに上級の管理職となる上役がいるはずです。**この上役との間の関係性の良し悪しによって、あなたのチーム運営の成果や効率は大きく左右されます。**

私がコーチングをしている中でよく相談されるケースとして、上役から「君はチームをうまくまとめられていない」という厳しい指摘を受けた、というものがあります。

会社がわざわざ予算を割り振って、私のようなプロのコーチに依頼する場合、このケースが占める比重はかなり大きいです。次のような依頼を実際によく受けます。

「林さん、○○さんのコーチングをお願いしたいんです。○○さんには今、大切な事業部を任せています。彼女、もうちょっとできると思ったんですが、どうもチームを上手にまとめられていないようで……。コーチングで、なんとか改善させてくれませんか」

外部から支援をする立場の私には、この時点では○○さんのチーム運営の実際の状態については、正直わかりません。会社の公式見解として「うまくいっていない」と判断されていることは明らかです。しかし、こうしたケースの真相を探っていくと、大まかに「本当にうまくいっていないケース」と、「チーム運営自体は実はうまくいっているが、それが上層部に適切に伝わっておらず、マイナス評価をされているケース」の2つに分かれます。

どちらにせよ、まず私が信念として抱いているのは、**「がんばっていない上司なんて、この世の中にはいない」**ということです。これまで、私はコーチングセッションを通じて数多くの上司と直接お会いし、私でなくては聞けない内情をお聞きしてきました。その経験から、上司のみなさんは本当に精一杯、与えられた環境のもとで文句や不平を飲み込み、労をいとわずに働き、しかも部下のことを思いやっています。結果としては部下や上役からの評価が芳しくなかったり、印象が悪かったりという側面はあるかもしれません。しかし、意図的に険悪な状況をつくろうとしている上司などいないことは断言できます。

努力を重ねている上司に、「チームをまとめられていない」という残酷な言葉を伝えるのは忍びないのですが、ただ、周囲からの客観的な意見を見逃すこともできません。

もしあなたが、このケースで対象となる上司だとしたら、どんな方法でこの局面を乗り切ればいいのでしょうか。私の経験上、次の2つのステップをおすすめします。

ステップ①　具体的なフィードバックを取りに行く

ステップ②　そのうえで、上役の協力を仰ぐ

それでは、それぞれを具体的に見ていきましょう。まず、ステップ①です。

上役の「チームをまとめられていない」という言葉は、実は抽象的でとても曖昧な言い回しであることにお気づきでしょうか？

この言葉だけでは、上役が「どの部分」を指して「まとめられていない」と指摘しているのかがよくわかりません。ある特定の業務についてなのか、単なる印象なのか、部下からの不平不満があったからなのか、実際のところわかりませんね。

上役から曖昧なフィードバックを受けたときに、「わかりました。今日から改善に取り組みます」と闇雲に宣言してしまうのは、もっとも避けるべきことです。

これは、上役があなたに求める行動を先回りして、推測する発言だと思います。しかし残念ながら、あなたが「察したこと」は上役の意図からずれているかもしれません。それでは適切な改善に結びつかないどころか、上役からの信頼をさらに失いかねません。

そこで、ここでとるべき行動は、**「まとめられていない」のが、具体的に「どの部分」を指すのかを直接、上役に確認する**ことです。

第3章の5で説明した「フィードバックを取りに行く」の内容と基本的には同じです。唯一異なるのは、フィードバックを取りに行くのが、あなたの「上役」だという点です。上役に対してフィードバックを取りに行くのは、相手が部下のとき以上に緊張し、勇気がいることでしょう。しかし、恐れずにトライしてみてください。

フィードバックを取りに行くときの鉄則は、**自分が「何」についてのフィードバックを受け取りたいのかを、具体的かつピンポイントに伝える**ことでした。

この場合であれば、例えば次のように聞くといいでしょう。

「『まとめられていない』というのは、どの部分についておっしゃっていますか？」

「『まとめられていない』とのことですが、どういうところで、そう思われますか？」

「もう少し具体的に教えてください」

「もう少し詳しく教えてください」

上役との面談をシミュレーションしてみましょう。

……………………………

あなた「今日はお忙しい中、お時間をとっていただき、どうもありがとうございます。先日の面談でお話をいただいた件なんですが、もう少し詳しくお聞かせいただけないかと思って、今日はお時間をとっていただきました」

上　役「そうだった、あの話、私もしなきゃと思っていたんだ。最近、君のチームを見ていると、どうもうまくいっていないように見えるんだが、本当に君に任せておいて大丈夫なのか？」

あなた「そう見えているんですね。ご心配をおかけしてすみません。もしよかったら、具体的に『まとめられていない』というのがどの部分のことか、教えていただけないでしょうか？」

上　役「そうだな、君はもともと仕事ができるし、私も相当期待していたんだが、最近数字は低迷気味だし、従業員満足度調査の結果もよくなかったから、心配しているんだよ」

あなた「そうですね。確かに、数字も満足度調査の結果もよくなかったですね」

……………………………………

このように具体的にフィードバックを求めれば、相手もより具体的なコメントを返すものです。このケースでは「うまくいっていない」ことの内容が「数字が低迷していること」と、「従業員満足度調査の結果」であることが特定できました。こうして具体的な要因が特定できれば、挽回のための手立てが打てるようになります。

◆部下、同僚、上役をも巻き込もう

こうして、上役が指摘している内容を具体的に把握できたら、次にステップ②「上役の協力を仰ぐ」に取り組みます。例えば、先の会話ではこんな流れをつくります。

上　役「早急に改善してくれないと困るんだよ」
あなた「おっしゃる通りですね。私も精一杯のことはしているんですけれども、なかなかチーム全体としての活路というか、光が見えてこない状態でして、ある意味もがいています」
上　役「そこをなんとかするのが君の役割だろう。私もそうやって、今までチームを切り盛りしてきたんだよ。一番の問題点を挙げるとしたら、どんなことなんだ?」
あなた「そうですね、先月私の直属の部下で、一番頼りにしていた社員が退職しまして、それで業務がまわらなくなっているんです。新たに人員を採用しようと面接をしているのですが、条件面で他社よりよいオファーができず、内定を出そうとした人に断られ続けて、ますます現場がまわらなくなっています。その辺りが一番の問題なんです」

上　役「そんな事情があったのか。わかった。予算については、早急に検討してみよう。明日、社長に相談してみる。それじゃあ、人が採用できれば解決するのか？」

あなた「もうひとつ、懸念があります。チームメンバーから、会社全体の方針がわかりにくい、という声をよく聞きます。私の部署は会社の中でも古参ですから、昔のやり方をそのまま踏襲していますが、最近会社からは『変化しろ』というメッセージが強いので、とまどってる人が多いんです」

上　役「それなら、私が一度部署の会議に出て、全社的な方針を語ればいいってことか？」

あなた「そうしていただけると、たいへん助かります」

上　役「次の会議はいつだ？」

このアプローチは、改善に向けて上司のあなたがひとりでがんばるのではなく、その上の直属の上役も巻き込んで、改善に一緒に取り組んでもらう、というものです。

上司向けのコーチングをしていると、上司が孤軍奮闘しても数カ月かかる課題が、その上役の協力を得ることで驚くほど速やかに解決できた、ということが多々あります。

こうした、**上役を含めた周囲を巻き込んでいく「巻き込む力」**は、上司に求められる要件のひとつです。まわりの人たちから「この人のために動こう」と思ってもらえる力です。

これまで、「部下を巻き込む」点を主に述べてきましたが、上司としてチームをまとめていくには、**部下はもちろん、自分より上のポジションの上役や、自分と同じ階層の同僚たちも一緒に巻き込んでいくこと**が重要なのです。「上も下も横も」というイメージです。

上司になると、会社と部下との「板挟み」で悩むことが増えてきます。

普段はどうしても部下の方に向きがちですが、ときには上役にも目を向け、自分から働きかけて、巻き込んでいくことが大切なのです。

部下から上司に働きかけることを、**「マネージングアップ」**といいますが、このマネージングアップこそが、会社と部下との「板挟み」を切り抜ける秘策なのです。
マネージングアップは、あなたの上役に「買って出てほしい役割」を自分の言葉でリクエストすることでもあります。例えば、次のような言い回しを活用しましょう。

「私もがんばります。○○さんも、その後押しをしていただけませんか？」

「これから私は最大限努力しますので、○○さんも協力していただけませんか？」

「これで、あなたの上役もきっと協力してくれるはず」と言いたいところですが、私の経験上、このリクエストを断る上役も一定数いることもわかっています。
上役の方にも、その人なりの事情があるはずなので、無下に悪く言うつもりはありません。しかしながら「それは君の仕事だろう」と、自分にとっては「対岸の火事」のような態度をとり続ける上役なら、残念ながら協力は得られないと判断せざるを得ないでしょう。
もしあなたが非常に困っているタイミングで、上役が傍観者のような態度で非協力的ならば、「その会社を辞める」という選択肢を持ってもいいのでしょう。**「あなたには、あなた自身のキャリアを自分で選んで作っていく自由がある」**のですから。

もちろん、短絡的な決断は厳禁です。しかし、ここ一番の大切な局面で上役からの支援が得られないなら、その会社で働き続ける意味を今一度、見つめ直してはどうでしょうか。

私自身、「これは上役の協力があった方が迅速に解決できる」という案件では、上司が上役や経営幹部層に協力を仰ぎに行くとき、同行させていただくことがあります。上司の心からの嘆願に、とても協力的で前向きな態度を示す上役や経営幹部層が圧倒的多数で、同席している私も勇気をもらえるほどです。

しかし、まれにですが「我々は、○○さんが改善に取り組んでいるのを見て、できているか否かを評価するだけですから」と、自分たちの会社のことであるにもかかわらず、まるで「自分たちには関係ない」といわんばかりの態度をとる人もいます。

第3章の9で、強いチームづくりには、「共に働ける能力」が欠かせないと述べました。「我関せず」の上役たちには、その能力が欠落しています。**「上役に協力を仰ぐ」試みは、会社の経営幹部層の「共に働ける能力」を見極める機会でもある**のです。

POINT 2

自分の立ち位置を伝える

業務経験のない部署のトップになったときに有効な会話

「複数の部署が急に統合されることになり、新しくできた部署の管理職に抜擢された」

「現在の役職より1つ上のポジションで空きが出た部署があり、分野としては専門外であるものの、自分がそのポジションを任されることになった」

会社が自分の能力を信頼して任せてくれたという、非常にうれしい事例ではありますが、同時に自分の実力で役割を全うできるのかという不安を感じる話でもあります。

該当する部署には、すでに仕事を任されている実務に長けたたくさんのスタッフがいます。業務経験の少なさという点では、おそらくあなたがもっとも「素人」に近い状態で、その部署のトップの椅子に座るという特殊な環境が待っています。

上司としての経験は積んできたとしても、その部署の実務的な業務に関してはまったくの未経験。自分より知識も経験も豊富な部下たちに囲まれての出発となると、気後れするのも当然です。

しかし、その気後れを解消せずに、そのままずっと引きずっていては、部署を引っ張っていくことは難しいでしょう。あるいは、気後れしている自分を隠そうとして、自分のこれまでの実績を過剰にアピールして空回りする失敗を犯すかもしれません。

それでは、こうした環境下で、あなたがやるべきことは何でしょうか？

まず、部下としてあなたを迎え入れる側の視点から考えてみることにしましょう。最初に想像していただきたいのが、新しい部下たちから「上司であるあなたは、どんな存在に見えるか」ということです。

もし私がその部下だったら、「この人、私たちの部署の仕事をあまり知らない状態で、何をしに来たんだろう？」と感じると思います。

少し補足するなら、「この人は、私たちの部署の業務経験がないのに、会社からどういう『ミッション』を受けて、この部署に来たのだろうか？」ということでしょう。

言葉を変えると、**新しい上司が自分たちの「敵」なのか、「味方」なのか、会社の「手下」なのか、自分たちの「仲間」なのか、その「品定め」をしている状態**なのです。

つまり部下は、あなたの「立ち位置」、スタンスを理解したいと思っているのです。あなたは実際のところ、新しい部署にどんな目的を持って上司として着任するのでしょうか。部下が抱く数々の「疑問」に、正面から答えることができるでしょうか。じっくり考える時間をとって、考えをまとめてみてください。

あなたがこれから着任するのなら、第3章の1でも取り上げた「初日の挨拶」は、メッセージを伝えるとても重要な場になります。自分がこの部署を任された理由を率直に伝え、どういう「立ち位置」で部下たちと関わり、この部署で「何」をするつもりなのかを明らかにします。すると部下たちが抱いている疑問に答える絶好の機会となります。

こうした「着任のスピーチ」以外にも、上司が発言の場として活用できる機会に定例の会議などがあるでしょう。

それらの機会を有効活用して、新しい上司である自分に課せられた「ミッション」や「立ち位置」を伝えていくことは、部下と上司の双方にとって大きなメリットがあります。

特に上司にとってのメリットは、**「自分がこの部署でやろうとしていること」**や**「どんな関係性を部下と構築したいのか」**といった基本的な方針を、早い段階で部下たちに伝えられることです。その結果、部下たちは上司の方針に基づいた動きをしやすくなります。もし、上司の方針と部下の行動にズレが生じた際には、上司がそれを修正したり、指摘したりしやすい環境が整います。

部下のメリットは、上司自身の言葉で「何を目的にこの部署に来たのか」を聞くことで、自分よりも該当業務の専門性が低い上司に対する不信感を払拭できることです。その結果、新しい上司を仲間として迎え入れるための心の準備が整います。

◆「役に立てることは何か?」を聞いてみよう

このように、**最初の段階で新しい部署での自分の「役割」や「立ち位置」、「方針」**

を明確にすることは極めて重要です。

そして、あなたが着任当初の信頼関係を築くことに成功するという前提で、次に実施すべきは第3章の5でも述べた「自分からフィードバックを取りに行く」ことです。

今回のケースでは、あなたは新しい部署の業務経験がほとんどないため、しばらくの間は部下に的確な指示・命令を出すことが難しいはずです。むしろ、部下に質問や確認を適宜しながら、業務をなるべく早く学んでいくのが実情でしょう。当面は率先して陣頭指揮をとれないため、優れた部下の力を借りる方向に舵を切るべきです。つまり、**専門性が高く経験値が豊富な部下に、気持ちよく働いてもらえる環境を提供する**のがあなたの優先すべき仕事なのです。

そして、部下に気持ちよく働いてもらうためには、部下の業務内容や上役であるあなたに望むこと、必要としているサポートは何かといった情報を、相手から的確に引き出すことが必要です。そこで、「フィードバックを取りに行く」ことが大切になってくるのです。

ここで、部下たちのモチベーションアップに繋がるフィードバックの取り方のヒントとなるエピソードを紹介しましょう。

これは、『WHYから始めよ！　インスパイア型リーダーはここが違う』（日本経済新聞出版社）の著書が日本でも有名な、講演家でありコンサルタントのサイモン・シネックが、ユーチューブで公開されているスピーチで語っていたものです。彼がラスベガスの高級ホテル、フォーシーズンズホテルに泊まったときの出来事です。

ホテルのロビーにあるコーヒーバーで、ノアさんというバリスタが働いていました。彼はとてもフレンドリーでサービスも素晴らしく、シネック氏はすっかり彼のファンになりました。あるとき、ノアさんに「ここでの仕事は好きかい？」と尋ねたところ、「もちろん！」との返事。リーダーシップの専門家でもあるシネック氏としては、その答えに興味を覚え、「なぜ、ここでの仕事が好きなんだい？」とさらに尋ねました。

するとノアさんは、このホテルでは自分の直接の上司だけでなく、あらゆるマネージャーたちがコーヒーバーを通りかかるたびに調子を尋ねてくれて、かつ**「私は、君の仕事にプラスになるために何かできるかい？」**とまで聞いてくれるから、と答えます。それこそ、ノアさんがこのフォーシーズンズホテルでの仕事が好きな理由であり、それゆえに彼はこのホテルのコーヒーバーでモチベーションを高く保って働いている、というのです。

ノアさんは近くにある別のホテルでもバリスタとして働いていますが、おもしろいことに、そちらのマネージャーはノアさんの調子を聞いてくれるどころか、うまくいっていない点をあら捜しして指摘し、ダメ出ししかしないといいます。そのため、そちらでの仕事は、「お金のため」と割り切って、目立たないようにしているとのこと。

ノアさんの話を聞いたシネック氏は、このスピーチで経営者が従業員をどう扱うかで、こんなにまで顧客へのサービスが違うのかと、驚きを持って語っていました。

この事例を、ノアさん本人のモチベーションの問題として片づけるのではなく、上司の声のかけ方が部下のモチベーションを大きく左右する、ということを学ぶべきでしょう。

マネージャー（上司）が、その従業員（部下）にどう接するかで、同じ人間でも、仕事へのやる気がおそろしいほど変わってしまうのです。

注目すべきは、フォーシーズンズホテルのマネージャーが、ノアさんに能動的に声がけをし、**「何かできることはないか」**と、**自らに対するフィードバックを求めている点**です。この行動こそが、部下のモチベーション向上に非常に大きな影響を与えていることを、ご理解いただけたのではないかと思います。

変化の激しい昨今の職場環境では、自分よりも専門業務の経験値が高く、知識が豊富な部下と働く上司が増えています。こうした環境では、単に業務命令を出す・教える・諭すといったこれまでのルーチンでは職場がうまく機能しないことがあります。

上司は旧来の方法に固執するのではなく、**部下の専門性にある程度は任せるスタイル**に変化させてみてもいいのではないでしょうか。

部下がモチベーションを高めて、目標達成するのを支援していく。そこにこそ、変化の激しい状況下での上司のとるべき活路があると私は考えています。

POINT 3

部下に「なぜ」を伝える

≫部下が共感して行動するようになる会話

会社から「今期の売上は必達！」と厳命が下ったので、自分は必死にがんばっているのに、部下たちは同じ意識で動いてくれない……。こうした悩みは、私がコーチングをしている上司のほぼ全員が抱えるものです。百戦錬磨の経営者から新人マネージャーまで、すべての方々が一度はこの悩みを抱えたことでしょう。

「アメとムチ」型のリーダーシップが十分に力を発揮する組織ならば、「会社からの厳命だから」のひと言で、部下の行動をある程度促すことができるでしょう。しかし、ハラスメントへの意識が高まっている昨今では、ひと昔前と比べて「アメとムチ」型のリーダーシップが発揮しづらくなっています。

そもそもなぜ、部下たちは動いてくれないのでしょうか。

その理由は意外とシンプルです。リーダーが「何をするか（「今期の売上目標を必達する」）」を伝えるだけで、「なぜするのか（「私たちが売上目標の必達を目指すのは、なぜか？」）」、つまりその**「理由」を伝えていない**からです。

結局のところ、「なぜそれをするのか」がわからないまま、「それをやれ」と言われても、人はなかなか動くことができないものです。

そのことを教えてくれるのが、第4章の2でも紹介したコンサルタントのサイモン・シネック氏が、その著書『WHYから始めよ！』で述べている「ゴールデンサークル」という考え方です。

私はシネック氏がこの著書を元にしてTEDで講演をしたときの講話内容を積極的にリーダーのみなさんにお伝えしています。その内容の一部をここで紹介しましょう。

シネック氏によると、人の心を動かすことができる優れたリーダーや組織には、ある共通するパターンがあります。それは、物事の「伝え方」なのですが、優れたリーダーや組織は、物事を**「WHY（なぜ）」→「HOW（どうやって）」→「WHAT（何を）」という順番で考えて、人に伝える**というのです。

一般的には、「WHAT（何を）」から伝える人が多いと思うのですが、それでは人の心に伝わる言葉にはなりません。私たちの心は、「何をするか」や「どのようにやるか」ではなく、「なぜそれをやるのか」を伝えられることで、相手の思いなどをより直観的に察知し、共感が生まれ行動を起こすのです。

「自分たちは、なぜそれをやっているのか」というメッセージが伝わるからこそ、人はあなたのメッセージや行動を支持したり、ファンになったり、商品を購入したりするのです。

シネック氏の講演をユーチューブで視聴していて、印象に強く残ったエピソードがあるので紹介します。

シネック氏が、マイクロソフト社とアップル社という2つの競合する会社のリーダーシップサミットでそれぞれ講演したときのことです。

マイクロソフトの幹部層の約70パーセントの人が、そのスピーチの持ち時間の70パーセント程度の時間を使って「アップルをいかに倒すか」について話していたそうです。つまり、「競合に勝つ手段」についての話が多かったのです。

一方のアップルでは、経営層の100パーセントの人が、100パーセントの時間を割いて「子どもの学習効率を最大化するために、学校の先生をどうやって支援するか」について話していました。

つまり、マイクロソフトは「競合他社にどう勝つか」、すなわち「HOW（どうやって）」に話題が集中していたのに対し、アップルは「私たちがこれからどこに向かうのか」という、「WHY（なぜ）」に話題が集中していたというのです。

シネック氏があるとき、アップルの社内でトップテンに入るような上級幹部とタクシーに一緒に乗っていた際に、彼をちょっと試すような質問をしました。

シネック氏は彼の方を向いて「私は先日、マイクロソフトのサミットで講演をしましてね。そのお礼に最新のタブレットをもらったんですよ。これが実は、お宅のiPod Touchと比べて何倍も優れていたんですよ」と伝えたのです。

彼はシネック氏の方を向き、「それは間違いないでしょうね」とだけ言いました。それでこの話題はおしまいになったそうです（笑）。

つまり、アップルは瞬間的に業界ナンバーワンになること、「WHAT（何を）」や

「HOW（どうやって）」などには興味がないということを意味しています。その代わり「なぜそれをするのか」、「私たちはどこに向かうのか」に意識を強く向けているのです。

あなた自身「なぜそれをするのか」を理解できているか？

あなたは部下に「なぜ」を伝えているでしょうか？

第4章の1で、上司にはまわりから「この人のために動こう」と思ってもらえるような「巻き込む力」が求められると説明しました。まわりの人たちを巻き込んでいくには、シネック氏が言う「なぜ」の部分を常に伝えていく姿勢が欠かせません。

その理由は、「この人のために動こう」と相手に思ってもらうためには、上司であるあなたが語る「なぜ」の部分に相手が共感し、心を動かされるという「感情」の要因が大きく影響するからです。双方に「感情的な繋がり」があるからこそ、相手のために「動きたい」というモチベーションが発生するのです。あなたが「なぜ」の部分を伝えていくには、「なぜ、私はそれをするのか」を自分の中で明らかにしておく必要があります。

「今期の売上目標は必達」と会社から言われたとき、そのまま部下に伝えてしまっているのだとしたら、もしかすると**「なぜ、それをするのか?」という理由をあなた自身が十分に理解できていないから**かもしれません。

そこでお聞きします。あなたが売上目標の必達を目指すのは、なぜですか?

自分の昇進のためでしょうか。それとも、チーム全体のさらなる成長のためのチャレンジでしょうか。来期の予算を確保するための布石でしょうか。


部下たちに「なぜ」の部分を明確に伝えるためにも、改めてご自分の考えを掘り下げてみてはいかがでしょう。そして、「なぜ」が自分の中で明確になったら、それを部下たちにも伝えていきましょう。例えば次のような感じです。

「私たちは今期、予算が厳しくて、ほしい人材を採用することができずに苦しんでるよね。来期はその状況を打破して、みんなが必要と言っている2人の新しい人材を採用したいと思ってるんだよね。それを会社にかけあったら、今期予算が達成できたら予算を増やすと約束してくれたんだ。だから今期の売上目標は必達という気持ちでがんばってほしいんだ」
「なぜ」の部分を部下たちに納得してもらい、さらにはあなたの理由や思いに共感や賛同ができれば、部下たちも「上司と一緒にがんばろう」という気持ちになります。

あなた自身が「なぜ、それをするのか？」を、部下たちに語ることが習慣になれば、チームの中に「それをする理由」をメンバー同士で話し合い、共有する土壌ができます。やがてチーム内の雰囲気が、いい意味であけすけに語り合えるものに変わっていくのです。

POINT 4

自力で考える

新しい「策」が見つかる会話

業績好調の自分のチームが、来月から業績不良のチームと統合することになって、自分が統合後の責任者になることに……。

大胆な組織変更が当然になってきた昨今、このようなケースは、ますます増えてくることでしょう。

具体的に対処すべき方法論については、これまで本書ですでに多く語ってきました。この章では少し目先を変えて、**問題解決の新しい考え方**を紹介しましょう。

今回のケースに限りませんが、何らかの課題に遭遇した際、とりがちな行動の代表格が、解決策を知っていそうな人にハウツーを教えてもらう、ということでしょう。

確かに過去のよく似た事例を参考にして、解決策を探すのもひとつの手ですが、考え方を変えて、あなたが最善と思う解決策をどんどん試してみてはいかがでしょうか。「その『策』がないから困っているんじゃないか」と思う方もいらっしゃるかもしれませんね。ここで一緒に別の方向性について考えてみましょう。

私がここで伝えたいのは、**一番有効性のある「策」を導き出せるのは、結局のところ他の誰でもなく、上司であるあなたをおいて他にいない、**ということです。上司自らが新しい方法論を自力で考え抜き、強い勇気をもってそれを実行に移すことで真のブレイクスルーが生まれるのです。そして、「自律的な部下を育てたい」とあなたが願うなら、まず自分の行動や態度から、率先垂範して変えていくことも大切です。

専門的な言葉を使って補足すると、課題に遭遇した際に、まず人のアドバイスを聞きにいくというのは、明らかな「他者依存」だと考えます。この他者依存を断ち切り、自力で考えていけるようになることは、上司に必要なスキルの一つだと考えています。

今回のケースのような環境変化を、自力で考える力を磨くチャンスとしてとらえ、自ら考えて動く上司へと変わっていく足がかりとして活用してみてください。

◆失敗によって「引き出し」が増えていく

実際のコーチングセッションを再現して、私のアプローチを紹介します。

上司「林さん、実は自分のチームが、来月から隣のチームと合併することになったんです」

林「そうなんだ。もう少し詳しく聞かせてくれますか？」

上司「はい。ウチの部署はIT関連の企業に特化した営業部隊だというお話をしていたと思うんですけど、比較的うまくまわっていて、社長からこの前、今ちょっと課題の多い海外営業部門の面倒も見てほしいと言われまして、それで来月からその部署と統合することになったんですよ」

林「それはまた、急な展開ですね」

上司「そうなんですよ。林さんは、きっとそういうお客さんも多いだろうし、ちょっとアドバイスもらいたくて」

………………………………………………………………

林　「確かに、私のお客様とはそんな話を結構することがありますね。ちなみに、今一番気になっていることは？」

上司「そうですね、正直何が気になっているのかすらわからなくて、とにかく、どうしようかなと思ってるんですよね。何かないですかね、アドバイス？」

林　「アドバイスがほしいということね？」

上司「もらえるものなら」

林　「ちょっと確認したいんだけど、私が例えば、こうした方がいい、というアドバイスをしたとして、それ本当に採用される？　絶対、採用される？　それとも、『なるほど～、でもやっぱり私、それは違うと思うんですよね』とか言い始めない？」

上司「それは林さんが何を言うかによりますすよ」

林　「だったら、アドバイスしたくないなぁ。採用されなかったら傷つくし」

上司「林さん、結構、意地悪いんですね」

林　「そういう考え方もあるよね。ただ、これは○○さんの部署の問題であって、私がその部署のことをこと細かく知っているわけではないから、私のアドバイスが的確かどうかすら、実際疑わしいところではあるよね」

上　司「まぁ、確かにそうですね。でも、本当にどうしたらいいかわからないんですよ」

林　「本人がわからなかったら、私にもわかるはずがないわけで……。さて、どうしようか？」

上　司「そうですね、林さんが教えてくれないのなら、自分で考えるしかないか。こういう問題ってどこから手をつけるんですかね？」

林　「どこから手をつけるかという部分、気になっているんだね。一緒に考えようか。何か今、頭の中に思い浮かんでいるアイデアはある？」

…………………………………………………………

私のコーチングでは、こんな具合に安易にアドバイスを求める上司の方を諭し、ご自身で考えていく方向に徐々に促していく対話を時折、織り交ぜています。

コーチング・メソッドの骨格となる方針として**「相手が自分の力で答えを導き出せる能力をもった、成熟した人間として扱う」**というものがあります。この考え方に基づき、上司への助言を最小限に留めて、上司が自分で考え、意思決定の答えを導き出すまでの環境を提供して、上司の能力開発を進めていくのも、私の重要な仕事のひとつなのです。

この考え方を応用するならば、上司であるあなたは、あなたの部署の事情にもっとも精通した人物であり、必要な答えを導き出せる能力があるはずだと私は信じます。先行事例に頼りたくなる気持ちは封印して、自分で決めた新しい道を歩き始めれば、自ずと新しい結果を手にすることができるでしょう。

結果が望ましいものであれば、堂々とその道のりを歩き続け、第一人者として成功を謳歌してください。もし結果が芳しくなければ、速やかに軌道修正をかけて、ダメージを最小限に留めて、別のアイデアを試してみてください。

本書を手にしたあなたの新しい挑戦を心から応援しています。

POINT
5
部下の1日の感情の流れをつかむ

≫部下の「ポジティブな感情」に働きかける方法

経営環境の劇的変化にともなって、経営方針や事業方針がそれまでと大きく変わることも珍しくありません。そのような大変化は、上司であるあなたの下で働くメンバーの感情にも、間違いなく強い影響を及ぼすことでしょう。

特に昔からの会社のやり方を熟知し、慣れ親しんでいるベテランの部下たちほど、新しいやり方を受け入れることに心理的な抵抗を示すことが多いようです。

あなたの部下たちは、上司であるあなたほど素早く頭を切り替えて、新しい方針を受け入れることができるでしょうか。

ここで、部下の感情をプラスに保ちつつ行動を変えていくのに役立つ手法を紹介します。

私が主宰している、プロのコーチを目指す人向けの講座の冒頭では、受講者たちに「ハイドリーム」と「ロードリーム」をそれぞれ語ってもらうことにしています。

ハイドリームとは、その時間で起こり得る最高の結果のこと、ロードリームはその時間で起こり得る最悪の結果のことを指します。これをお互いに伝え合うことで、それぞれの受講者がどんな期待をしていて、何を成果として持ち帰りたいかが明確になります。

今回のケースでは、その中でハイドリームの概念を使います。経営方針が今までと大きく変わったという事実を、部下に納得してもらうにあたって、起こり得る最高の結果とはどんなものでしょうか？

私がこの状況下でチームを率いる上司だったら、次のようなハイドリームを頭に描きます。経営方針の変化を部下がすんなりと受け入れ、「これはチャンスだ！」と口々に語り、上司である自分が思いもよらないアイデアをどんどん提案してくれる、という状態です。

このように、まずハイドリームを自分の中で想像します。それをベストなゴールとして設定し、そのゴールに至るシナリオづくりを進めていきます。

シナリオの過程で着目したいのが、**部下の「感情」**です。何をなすかではなく、相手が「何を感じるか」が評価軸になると考えてください。

人の行動や意思決定は、感情の上がり下がりによって大きな影響を受けます。

その感情を大まかに分類するなら、プラスの感情・ニュートラルな感情・マイナスの感情の3つに分類できます。人はプラスの感情を感じれば前向きに軽やかに行動し、マイナスの感情を感じればネガティブな行動や態度をとるものです。

上司たるもの、部下のうつろいやすい感情をいかにプラスに保ち続けるか、そのシナリオをつくる能力が求められるのです。

◆顧客の1日の行動・感情をイメージしよう

そうした「部下の感情への適切な働きかけ」において、有効な手法があります。

それは、デザインシンキングの具体的なツールのひとつである**「カスタマー・ジャーニー」**と呼ばれる手法です。

これは、顧客（カスタマー）がある商品やサービスを購買するに至るまでのプロセスを、行動や思考、感情などの観点から時系列に図式化したものです。

例えば、商品を購入する場面で、この手法を当てはめてみましょう。

お客様が店舗で商品を購入する際、例えば実際に商品を棚から手に取るときにどんな感情を抱いていると、最終的な購買に結びつくのかといった、顧客の具体的な行動と感情の繋がりを視覚的にわかりやすく図示するのがこの手法の特徴です。

お客様の行動と感情の関係性がわかれば、どのタイミングでどんな働きかけをすれば、お客様の感情がプラスに変わるのか、その戦略を立てることができます。

このカスタマー・ジャーニーの特徴のひとつに、「顧客の購買の意思決定は必ずしも店頭で行われるわけではない」という考え方があります。

カスタマー・ジャーニーでは顧客の生活により具体的にフォーカスしていくのですが、例えば次のように顧客の普段の暮らしをイメージしていきます。

ターゲットとされる顧客は、朝何時ごろに起きて、どんなテレビ番組を見ているのか。何時ごろに出社して、職場では誰とどんな話題で雑談をして、会社の帰り道ではどんなお店に立ち寄って何を買っているのか……。

対象となる顧客の行動を、ときにはアンケートや電話インタビューなどで調査したり、推測したりしながら、顧客の生活様式を「見える化」し、その行動をとったときの感情を想像して、最適な仮説を立てていくのです。

私はこの「カスタマー・ジャーニー」を人材マネジメントの分野に応用し、上司とのコーチングセッションやリーダーシップ研修で積極的に活用しています。

今回のケースで、対象となる部下の「カスタマー・ジャーニー」を考えていきましょう。

◆部下はいつ、どんな行動をして、何を感じているか

部下の1日の過ごし方を想像しましょう。

その部下は毎朝何時ごろ起きるでしょうか？　目覚めはいいでしょうか、ギリギリまで寝ているでしょうか。家族とは、どんな会話をしてから出社するのでしょうか？　日によっては、朝から夫婦喧嘩ということもあるかもしれません。通勤電車に乗っている間はどんなことを考えているのでしょうか？　仕事に前向き？　憂鬱に感じている？

カスタマー・ジャーニーで部下の感情レベルをつかむ

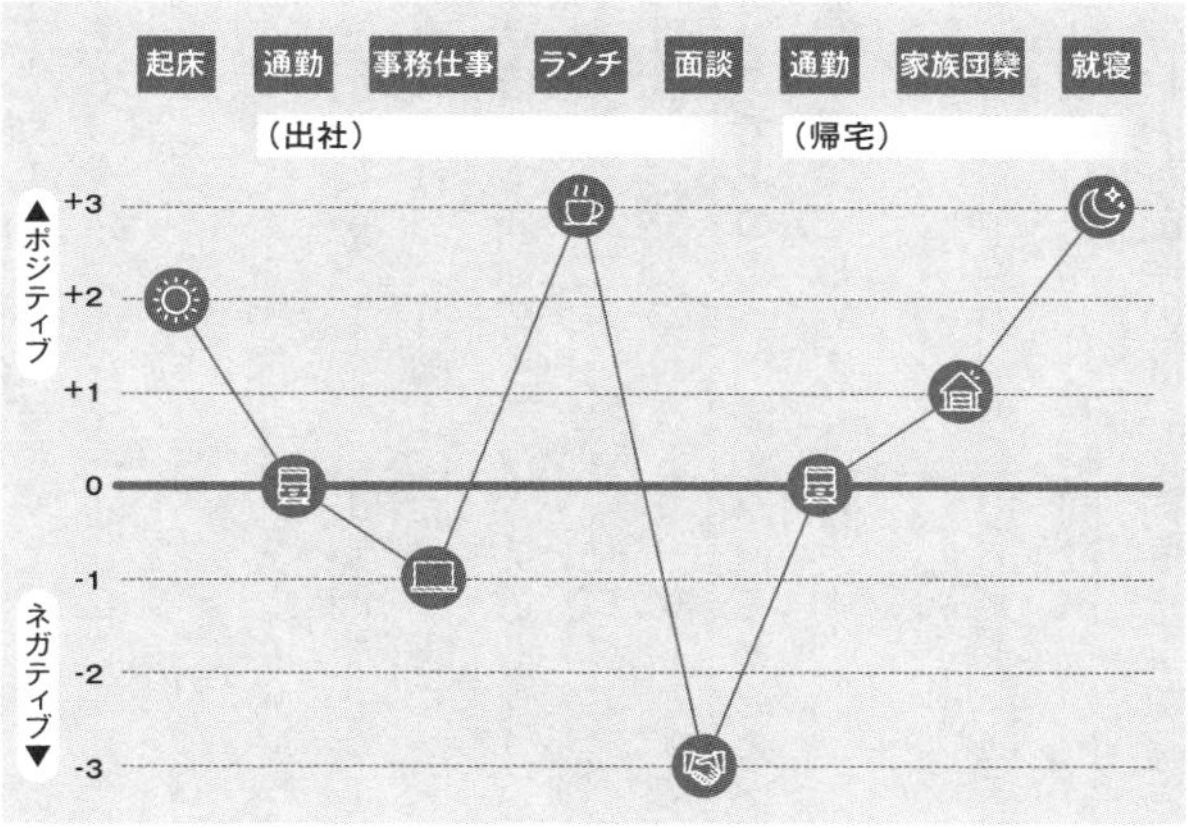

このように、その人の1日の行動を推測し、横軸に時系列に沿ってイベントを書き出すことが最初のプロセスです。

横軸には、「起床」「通勤」「出社」「事務作業」「部内会議に出席」「ランチ」「来客対応」「通勤（帰宅）」「家族団欒」「入浴」「就寝」……といった「行動」が並びます。

コーチングセッションの中で、上司にこのプロセスを経験してもらうと、「意外と自分の部下の生活のことを知らないことがわかった」「そうだった、部下も普通の人間として生きているんだった」という感想を持つ上司が多いことに驚かされます。職場での業務を中心とした会話だけでは、相手のプライベートな生活を想像することが意外と難しいようです。

さて、次のプロセスに進んでもうひと手間加えていきましょう。今度は、縦軸に「感情」を記入していきます。それぞれの「行動」において、その人はどんな感情を感じていたかを想像して記入します。感情はそのレベルをマイナス3からプラス3までを目途に設定して、その範囲で記入していきます。

それぞれの「行動」において感じた「感情」を線で結ぶと、その人の1日の感情の起伏を表す折れ線グラフが完成します。これで、基本のフォーマットは完成です。これを、「カスタマー・ジャーニー・マッピング」と言います（前ページの図参照）。

朝起きてから夜眠るまで、部下の感情レベルの変化が一目瞭然ですので、**どのタイミングでどのように働きかけるとその部下の感情レベルがプラスに転じやすくなるか、**推測が格段にしやすくなります。

例えば、午後の部内会議のときに感情レベルをプラスにもってもらいたいのなら、朝礼後のちょっとした時間に声をかけておくのが効果的かもしれません。

翌日の午前中の商談に前向きな気持ちで取り組んでもらうために、最適の声がけポイントはどこだろうか？　というように応用していくのです。

カスタマー・ジャーニーでは、その部下の就業時間以外の感情レベルも推測することができます。就業中のさまざまな感情レベルについては、意外と就業時間外での出来事が大きく影響しているものです。

朝、出社する前にパートナーや子どもとちょっとした諍いを起こしてしまった。そんな日は、仕事中のほんの些細なことでもついイライラしてしまう……。

逆に、仕事帰りに気の置けない友人たちとの飲み会が予定されていると、午後の仕事がいつもよりはかどることもあるでしょう。

就業時間中の感情をプラスにするヒントがここにあります。

例えば朝、家を出るときに、ご家族から「あなたの上司の○○さん、なんだかおもしろそうな人ね。今晩帰ったら、その○○さんのこと、もっと教えてよ」と言われたとします。そんな日は、部下の就業時間中の感情は、長時間、プラスの状態を維持することでしょう。

朝、部下の家庭でそのような会話が起こるために、いつ・誰が・どこで・どのような働きかけをその部下にしたらいいでしょうか。そこで、カスタマー・ジャーニーの出番です。

実現してほしい目標が「帰宅後の家族団欒の時間に、その部下がご家族の方に上司であるあなたについてのポジティブな話題をする」ことだったとします。

そのためには、上司であるあなたが、部下がポジティブな感情になるように、職場で何らかの働きかけをする必要があります。人間同士、気持ちの接点がない相手のことを、帰宅後、わざわざ家族との会話の中で話題にしたりしません。それでは、どんな働きかけを部下にしたら、その部下のご家族に「おもしろそうな人ね」と言ってもらえるのか。

このように思考を掘り下げたら、あとは仮説を立てて実行あるのみです。うまくいったらそのまま進めて、うまくいかなかったら、修正してリカバリーすればいいのです。

POINT 6

見立てる力

ゴールまでのシナリオを組み立てる会話

会社が時代の流れや市場環境の変化などにより、方針を大きく変えるタイミングがあります。また、経営トップ、つまり社長の交代などは経営方針が大きく変わる節目だったりもします。

こういった企業の方針転換の節目において、人材育成の方針や予算が大きく変わることも多く、外部支援者として関わる私も対応の難しさを実感することがあります。これまで人事担当者の方と温めてきた施策も、企業の方針が変われば修正がかかったり、中止になったりしますので、真剣に準備をしていた私としてはとても残念な気持ちになります。

組織で働く人なら、誰しも一度はこうした変わり目を経験していることでしょう。

今回は、あなたの部署の業績は好調であるにもかかわらず、会社が新しい方針を掲げたため、従来の方法をやめて、会社が提唱する新しい方法に変えざるを得なくなったというケースについて考えていきましょう。

状況として想像していただきたいのは、上司であるあなたがチームメンバーにその旨を伝えたところ大反発された、という局面です。会社と部下との間で「板挟み」の典型的な状態ですね。

ここで上司であるあなたが何を考え、どんな意思決定をして、メンバーに何を伝えていくかは、今後の部署全体の仕事ぶりや業績に大きな影響を与えます。どのように対処していくべきかについて話を進めていきましょう。

今回のケースの出発点は、あなたがチームメンバーに会社が掲げた新しい方針を伝えるところです。そのとき、あなたは頭の中でどんなシナリオを描いていたでしょうか？

もしかして、「会社の方針だから仕方ない。そのままチームに伝えれば、反論は多少あったとしても、言われた通りに動いてくれるだろう」と、安易に考えていなかったでしょうか？　これでは、**会社のメッセージを「翻訳」せずに、そのまま伝える選**

択をしただけです。その結果が、部下たちからの猛反発でした。

これは、リーダーが「見立て」を誤ったことによる猛反発といえるでしょう。

「見立て」とは、言い換えれば**「予測する」**ことです。例えば、「自分がAという発言をしたら、Bという反応が返ってくるだろう」という想定シナリオを、事前に考えることが「見立て」です。実際に動いてみて、結果がシナリオ通りなら見立てが正しく、シナリオと異なるなら、見立てを誤ったことになります。

自分の発言や行動、態度などが、まわりにどのような影響を及ぼすのかを見立てる能力が、上司には求められます。

その理由は、上司の発言などが周囲から注目されるのはもちろんですが、それにとどまらず、さまざまな状況を変化させる影響力をも持っているからです。

例えば、上場企業の経営者の発言は、その会社の株価に影響を及ぼします。国境を超えて有名な企業の経営者ともなれば、その発言は世界経済にも大きな影響を与えるのです。

「私の上司としての影響力なんて、たかが知れてますから……」と過少評価しがちの上司が多いようですが、上司としてチームに与えている影響力については、しかるべき自覚を持つべきです。

そして、「自分の発言や行動は、チーム内に一定の影響を及ぼしている」と明瞭に認識できるようになれば、**「誰に・何を・どう伝えるか」「どういう行動をとるか」**が、目に見えて変わっていきます。そのようにしてまわりの反応を事前に予測する習慣がつくと、言葉の選び方や伝え方、ふるまいについてより慎重に考えるようになります。

「私が、この件について、こういう言葉を使って、こういう伝え方をしたら、きっとチーム内の○○さんから、こんな反応が返ってくるだろう……」

そのような見立てをしてから実行する。そのトライアンドエラーを重ねることで、見立ての「精度」は徐々に上がっていくのです。

「ゴール」を設定して、そこまでの「道すじ」をつくる

上司であるあなたが、自分のチームをよりポジティブな方向に引っ張っていきたいなら、さらにおすすめの方法があります。

それは単に「見立てる」だけで終わるのではなく、**チームとして得たい「ゴール」を設定したうえで、そこに至るための「ストーリー」をデザインしていく**というものです。設定した「ゴール」にたどり着くためには、自分がどんな発言をし、どういう行動をとっていくといいのかを見立てていきます。

今回のケースを使って、考えてみましょう。

会社から「やり方を変えろ」と言われて、それを覆すのは難しい状況です。会社の方針には、従わざるを得ません。

そこで、チームメンバーが「やり方を変える」ことを前向きに捉えて、率先してそれに取り組んでもらうためのシナリオを用意する必要があります。

つまり、「やり方を変えることを、部下たちが前向きに捉えて、自発的に動いてもらう」というストーリーづくりをしていくのです。

ストーリーづくりの方法ですが、チームメンバーの反応を想像しながら、例えばドラマの脚本家のように台本を書いてみるのもひとつのやり方です。

私がよくやるのが、**登場人物（上司とチームメンバー）がどんな会話をするかを想**

定したコマ割りの漫画を作って、フキダシのセリフでストーリー展開を考える方法です。

ただし、ストーリーはあくまであなたの想像の産物ですので、完璧な精度を求めると、往々にして失敗します。

第1章の8で紹介した「デザインシンキング」という思考法では、「First Shitty Draft」という言葉をよく使います（73ページ参照）。これは「最初のアイデアは精度が低くて当たり前」という意味です。これは、アイデアは一度実行に移して検証しなければ、その質が向上しないことを示唆しています。

ですので、まずは粗っぽいプロトタイプ（試作）をつくり、それを実行してみましょう。実行すれば、大まかにでも、方向性が合っているかどうかわかるものです。

自分の見立てとは違う反応だったら、すぐに「改善」すればいいのです。そして改善後のストーリーをまた実行してみる。この繰り返しが、ストーリーの精度を高めていきます。

◆古い「やり方」では、同じ結果が出るだけ

「やり方を変えることを、部下たちに前向きにとらえてもらう」ためのストーリーづくりにおいて、ひとつのポイントがあります。

時代の変化とともに、会社のあり方や働き方、リーダーシップのとり方も、どんどん変わっていきます。そんな変化の激しい環境において「変化しない」ことは、それだけで大きなリスクとなる時代を、私たちは生きているといえるでしょう。

今回のケースでは、会社が「やり方を変える決断をした」というメッセージを明確に発しています。たとえ現状での業績が好調でも、先を見越したときに、先手を打って今から変化しておかねば生き残れないと会社は判断した、という解釈ができます。

一般に私たちは、過去の成功体験から「成功する方法やパターン」を抽出して、さまざまな場面でそのやり方を当てはめがちです。しかし、今目の前で起きていることは、過去の体験と表面的には似ていても、同じやり方を適用してうまくいく保証はありません。

私はコーチングをしている上司に、次のことをよくお伝えしています。

「今までと同じやり方を選択すれば、前と同じような結果が出る。**もし前に出た結果に満足していないのであれば、今まで選んだことのない新しい選択肢を選ぶ必要があ**

る」

同じ選択をすれば、似通った結果が出続けるのは当然です。新しいやり方は、成否はともかくとして、これまでと違う結果をもたらしてくれます。

それならば、部下への伝え方においても、既存のやり方にこだわらず、新しいやり方に挑戦してみるのも一案です。例えば、「会社からの指示を部下に伝える」という場合、「それをどう伝えるか」に意識が向きがちですが、「伝える」のではなく**「一緒に考える」という選択肢もあり**なのではないでしょうか。

そもそもこのケースでは、「伝える」という方法では部下たちから猛反発されたのです。ならば、「会社から『やり方を変えろ』と言われたんだけど、みんなこれについてどう思う?」という具合に、チームで話し合う機会にするのも新しい打ち手です。

すると会社からの指示が、チームの結束をさらに強化する「チームビルディング」の絶好の機会になります。その結果、チームの中で新しい関係性が生まれるかもしれません。

みなさん独自の方法で、部下との新しい関係性づくりに挑戦してみてください。

POINT 7

自問自答する

自分自身の「願い」に気づく方法

「売上ノルマは必達。部下を育てるのも必須。でも残業はするな！」

会社から、こんな過酷な要求を課せられている上司も少なくないでしょう。

競争が激化する中、人材の確保もままならず、少人数で現場をやりくりしながら業績を上げなくてはならない。一方で「働き方改革」の推進で、残業時間の削減を求められる。

こんな環境で働き続ければ、誰だって疲れてしまうでしょう。とりわけチームの目標達成のために汗を流している上司のみなさんの疲弊を、私は心の底から心配しています。

心ある経営幹部なら、何らかの策を講じて手助けをしたいと思っていることでしょう。しかし、明確な打ち手がない状況では、上司に対して「いずれなんとかするから、今は耐えて、がんばってくれ」と言うのが精一杯というケースもままあります。

厳しい環境下にある上司たちにコーチングをする際、私はひそかに気をつけていることがあります。それは、その上司にかかっているストレス負荷がどれほど強いかを推し量ることです。まだがんばれるレベルなのか、メンタル的に問題が出始めるギリギリのところなのか……。プロのコーチとして、適切に見定めなくてはならないところです。

万が一、私の目の前に座っている上司の方が精神的に追い詰められていて、この先メンタルのバランスを著しく崩しそうな兆候を察知した場合には、こう言います。

「あなたがメンタルを病んでも、会社は責任をとってくれない。ここで一度、立ち止まるべきだと思います」

「べき」という言葉を私がコーチングで使うのは、こんな深刻なケースを除けば、ほとんどありません。コーチの私が、なぜここまで踏み込んだ発言をするのでしょうか。

それはメンタルの状態が悪化し、「心が壊れて」しまってからでは遅いからです。

だから、「壊れる」前に立ち止まる。そして、自分を取り戻す時間を持つ。コーチングでは本来、顧客であるリーダーが自らの意思で対話のテーマを選び、自らの意思で最善の選択をしていくことをよしとします。しかし、この局面ではコーチが強い言葉と毅然とした態度で、能動的に介入する必要があると思っています。

ところが私のその言葉を聞いて、立ち止まるのをためらう上司が少なくありません。「やらなくてはならないことがたくさんありますので、立ち止まってなんていられませんよ。このセッションも、忙しい時間を工面して出席しているくらいですから……」

あなたの仕事は、本当にあなたが精神的なバランスを著しく壊してまで続けなければいけないことなのでしょうか。ぜひ一度、立ち止まって考えてみてください。

この局面で、私から上司に伝える言葉をもうひとつ紹介しましょう。

「○○さんのお話を聞くと、職場の今の状態はかなり過酷だと思います。私だったらたぶん、続けていけないなと思うくらいです。でも、あなたはそこで働き続けようと思っている。**そこにはどんな『願い』があるのですか？**　なぜやり続けるのか、ぜひ教えてください」

この問いに対して、たいていの上司は、会社に対するご自身の熱い思いを語ります。「社長が好きだから」「自分が困っているときに、引き上げてくれた会社だから」「この会社の製品が大好きだから」「一緒に働いてきた、大事な仲間がいるから」……。

私たちは日常業務に忙殺されると、ついこうした「願い」を忘れ去ってしまいます。だからこそ心の奥底に眠っている「願い」を呼び覚まし、自分がこの場所でそもそもなぜ今の仕事をしているのかをひも解くことは、問題解決の糸口となります。

「あなたは、なぜ今の会社で働いているのですか?」

と問われたら、あなただったら何と答えますか。

もしあなたが今、走り続ければ壊れてしまう状態まで追い詰められているとしたら、まず一度立ち止まってみることです。そして冷静な心持ちで、自分の今の状態を見つめ直すことが大切だと思います。

◆「もし仮に……」の質問で、思考の枠を外す

このような局面では、プロのコーチを雇って対話を進めることが極めて有効なのですが、本書では、その代わりに私からひとつ問いかけをさせていただきます。

「もし仮に、何の制約もなかったとしたら、何がしたいですか？」

この質問は第3章の10でも取り上げました。本当に今の状態を継続したいのか、それとも、まったく別のことを始めてみたいか？

誰に遠慮することなく、思考を自由に広げてみてください。

想像すること、あらゆる可能性を考えること、夢見ることはあなたに与えられた権利です。ぜひその権利を行使し、自由に発想する喜びを感じてください。そのささやかな時間こそが、自分の心を休めて英気を養い、明日への活力を補充することに繋がるのです。

何の制約もない状態を考えるなんて、非現実的で何も生み出さない無駄な時間でしかないと感じる方もいるでしょう。しかし、非現実的なレベルにまであえて思考を拡

散させることで、これまで自分を縛っていた「思考の枠」の外に初めて出ることができます。「できるはずがない……」と凝り固まっていた思考に、ゆさぶりをかける契機になるのです。

◆思考を拡散させた後、実現できるアイデアを選ぶ

このプロセスを進めるときに、注意してほしい大切なことがひとつあります。「もし仮に」という前置きをつけた問いかけは、実現可能性を無視した質問です。例えば「もし仮に、お金の心配がなかったとして、どんなことをやってみたいですか?」という問いに、「バックパッカーとして世界一周の旅に出る」と答えたとします。

これを真に受けて、プロのコーチでさえも「どのようにすれば、バックパッカーになれるか?」という行動計画を立ててしまうことさえあるのですが、あくまで「資金面に心配がなかったら」という前提で思考を拡散してもらっただけであり、それを実現させる約束をしてもらったわけではないのです。そのことは忘れないでください。

思考を拡散した後で、あなたにやってほしいことがあります。

先ほどのプロセスで、**広がったアイデアの中から、現実の「制約がある状況下」でも「実現可能なもの」を抽出してほしい**のです。つまり、非現実的なレベルにまで思考を広げたら、それを手がかりにして、より実現可能性の高いアイデアに収斂させていく作業が必要なのです。

このプロセスで私が活用している問いかけを、いくつかご紹介します。

「それでは、先ほど出たいくつかのアイデアと現状を照らし合わせて策を練るとしたら、どんな可能性があると思いますか？」

「現実的にはさまざまな制約がありますよね。では、そうした制約がある中で、今、あなたが挙げてくださったアイデアのうち、どれならできそうですか？」

「では、ここでちょっと現実に戻って、あなたが取り組めそうなことは何ですか？」

こうした問いかけによって、私たちの思考は現実との接点を持ち始めます。

一度、思考を拡散させて、そこで得られた新しい視点を元に、実現可能な選択肢を見つけていくのです。

◆自問自答で答えを深めよう

こうしたプロセスは、プロのコーチとの対話を通して進めていくのが理想ですが、自問自答することでも行うことができます。これを「セルフコーチング」と呼びます。優れたリーダーは、セルフコーチングが上手です。

「もし仮に、何の制約もなかったとしたら、何がしたいか？」

と自分自身に問い、そこからアイデアをどんどん出していきます。

さらに、「それらのアイデアのうち、現状の制約の中で実現可能性が高いものはどれか？」を問い、その中から実現可能なアイデアを抽出していきます。

こうしたセルフコーチングを日々の習慣にすることで、現状の閉塞状態を突破する革新的なアイデアを生み出していきましょう。

おわりに――私を変えた、ある上司のエピソード

著者の私がどんな気持ちや感情を抱きながら本書を執筆してきたのか、読者のみなさんには必ずしも正確に伝え切れていないかもしれません。

本書の執筆の過程で私がいつも意識していたのは、「リーダーのみなさん、がんばれ！　あなたならきっとできる！」という応援する気持ちと共に、にこやかな笑顔でリーダーのみなさんに語りかけることでした。

そんな私の思いが、たくさんのリーダーのみなさんを支える力になることを祈りながら、本書を世の中に送り出すことになりました。

本書の締めくくりに、「上司と部下の会話」の重要性に気づくきっかけになった、

私が部下の立場にあったときのエピソードをひとつ、ご紹介したいと思います。

私がIT関連の大手企業に勤めていたとき、上司にKさんという方がいました。

当時、営業職に就いていた私は、予算を割り当ててもらうための稟議書や、新規キャンペーンを実施するための提案書などを作成することが多く、それらの書類には最終的にKさんの承認が必要でした。

私が入社して初めて、Kさんに稟議書を承認してもらおうと思って、Kさんのデスクに出向いたときのやり取りは、次のようなものでした。

私　「すみません、稟議書をつくったんですが……」

Kさん　「というと？」

私　「えっ⁉」

私の頭の中は若干パニック状態に陥り、「この人、大丈夫かな？　稟議書って伝えたら、だいたい何のことかわかると思うんだけどなぁ」と不可解な気持ちになりました。

そんな気持ちをこらえて、

「あの、○○の案件で稟議書をつくっていて、Kさんの承認をいただきたいのですが、当初の予算には入っていない追加費用がかかるので、そのことを相談させてください」

と伝えると、

「あ、そういうことね」

と初めて稟議書を手に取ってくれました。

この経験をふまえて、その後私はKさんに書類の承認をもらいにいく際には、「きっと今回も『というと？』と言われるだろうから、そのあとのセリフもしっかり用意してから話しかけよう」と準備を整えたうえでKさんのデスクに出向くようになりました。

一見とても些細なことのようですが、こうした会話が上司と部下の関係性を育み、「自分で考えて動く部下」を生み出すのだと私が身をもって体験した初めてのできごとでした。

部下との関係性は、あなたが選ぶ会話でどんな形にも変容します。
あなたは部下とどんな会話がしたいですか？
今一度、考えてみてください。
最後までお読みいただき、ありがとうございました。

林　健太郎

本書は、小社より刊行された単行本を文庫化したものです。

林健太郎（はやし・けんたろう）
リーダー育成家。合同会社ナンバーツー エグゼクティブ・コーチ。一般社団法人 国際コーチ連盟日本支部（当時）創設者。1973年、東京都生まれ。バンダイ、NTTコミュニケーションズなどに勤務後、エグゼクティブ・コーチングの草分け的存在であるアンソニー・クルカス氏との出会いを契機に、プロコーチを目指して海外修行に出る。帰国後、2010年にコーチとして独立。2016年には、フィリップ・モリス社の依頼で、管理職200名超に対するコーチング研修を実施。大手企業などでのべ2万人以上のリーダーにリーダーシップを指導してきた。企業向けの研修講師としての実績も豊富で、フェラーリ社の日本の認定講師を8年間務めるなど、リーダー育成に尽力。『コーチング忍者の2分コーチング入門講座』など、斬新な切り口でコーチングを啓発中。著書に『できる上司は会話が9割』『優れたリーダーは、なぜ傾聴力を磨くのか？』『できるリーダーになれる人は、どっち？』（以上、三笠書房）、『否定しない習慣』（フォレスト出版）、『いまを抜け出す「すごい問いかけ」』（青春出版社）など。オンラインサロン「否定しない会話の学校《ミラタネ》」を主宰。

知的生きかた文庫

できる上司《じょうし》は会話《かいわ》が9割《わり》

著者　林健太郎《はやしけんたろう》
発行者　押鐘太陽
発行所　株式会社三笠書房
〒一〇二-〇〇七二　東京都千代田区飯田橋三-三-一
電話〇三-五二二六-五七三四〈営業部〉
〇三-五二二六-五七三一〈編集部〉
https://www.mikasashobo.co.jp
印刷　誠宏印刷
製本　若林製本工場

ISBN978-4-8379-8865-6 C0130

C10073

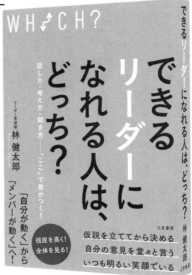

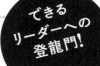

知的生きかた文庫

人生うまくいく人の感情リセット術

樺沢紫苑

この1冊で、世の中の「悩みの9割」が解決できる！　大人気の精神科医が教える、心がみるみる前向きになり、一瞬で「気持ち」を変えられる法。

マッキンゼーのエリートが大切にしている39の仕事の習慣

大嶋祥誉

「問題解決」「伝え方」「段取り」「感情コントロール」……世界最強のコンサルティングファームで実践されている、働き方の基本を厳選紹介！　テレワークにも対応!!

最高のリーダーは、チームの仕事をシンプルにする

阿比留眞二

すべてを〝単純・明快〟に――花王で開発され、著者が独自の改良を重ねた「課題解決メソッド」を紹介。この「選択と集中」マネジメントがあなたのチームを変える！

コクヨの結果を出すノート術

コクヨ株式会社

日本で一番ノートを売る会社のメソッド全公開！　アイデア、メモ、議事録、資料づくり……たった1分ですっきりまとまる「結果を出す」ノート100のコツ。

頭のいい説明「すぐできる」コツ

鶴野充茂

「大きな情報→小さな情報の順で説明する」「事実＋意見を基本形にする」など、仕事で確実に迅速に「人を動かす話し方」を多数紹介。ビジネスマン必読の1冊！

C50474